D0106217

Terreurs et espoirs de l'An 2000

# François Bouchard

# TERREURS ET ESPOIRS
# DE L'AN 2000

*...on n'a jamais autant parlé de l'avenir que depuis que l'on ne sait même plus s'il y aura un avenir.*

(Jean Rostand)

C B
161
.B65

Éditions Paulines
Apostolat des Éditions

DU MEME AUTEUR :

— La jeunesse de l'Eglise
— L'homme de demain
— L'Eglise et la jeunesse du monde

INDIANA-
PURDUE
LIBRARY

JUL 17 1979

FORT WAYNE

No 200-12

ISBN 0-88840-420-4

Dépôt légal — 1er trimestre 1974
Bibliothèque nationale du Québec

© 1974 Editions Paulines, 3965 est, boul. Henri-Bourassa,
Montréal H1H 1L1, P. Qué. (Canada)

Tous droits de reproduction, de traduction et d'adaptation
réservés.

# Introduction

Qu'on le veuille ou non, le monde de l'An 2000 nous habite tous. Ses perspectives toutes proches nous passionnent et nous hantent, chargées qu'elles sont d'espérance et de menace. Elles nous interpellent.

Le réalisme d'aujourd'hui ne permet plus de s'enfermer dans l'événement présent. Il nous force, en quelque sorte, à commencer dès aujourd'hui à écrire l'histoire de demain, à chercher, dans l'avenir autant que dans le passé, les grands impératifs du moment. L'imprévision ne serait-elle pas la forme par excellence de l'irréalisme ?

Au rendez-vous que lui donne l'Histoire, l'homme arrive souvent trop tard. Ainsi pensait ce vieillard agonisant qui, après le bombardement de Hiroschima, écrasé sous les décombres fumants de sa ville, murmurait à un journaliste :

> Les gens ne pensent pas assez. Ils auraient pu prévoir ce qui nous arrive. Maintenant, c'est trop tard. Vous arrivez toujours trop tard . . . [1].

Au rendez-vous historique que lui donne l'An 2000, l'homme arrivera-t-il encore trop tard ? Il attend souvent qu'une crise, qu'une catastrophe se produise pour mobiliser ses énergies. Des énergies qui s'inspirent de l'affolement, du désespoir et de toutes leurs séquelles aberrantes.

Mais n'y aurait-il pas moyen de mobiliser *avant* tous les hommes de bonne volonté ? Face à l'An 2000 et à toutes ses éventualités, certains estiment qu'il y a là une nécessité impérieuse et décisive : tel Einstein qui, au nom du *Comité du Désespoir* dont il était le président, lançait son célèbre télégramme :

---

1. *L'Express*, no 966, 12-18 janvier 1970, p. 68.

> Notre monde est en face d'une crise encore inaper-
> çue ... La puissance déchaînée de l'atome a tout
> changé, sauf nos habitudes de penser, et nous dérivons
> vers une catastrophe sans précédent ... La fédération
> des savants américains se joint à moi dans cet appel.
> Nous vous prions de soutenir nos efforts pour amener
> l'Amérique à concevoir que la destinée du genre hu-
> hain se décide aujourd'hui, maintenant, à cette minute
> même ... [ ... ] ... un nouveau mode de penser est
> essentiel si l'humanité veut survivre et gagner les plus
> hauts niveaux.

Les pages qui suivent ne veulent être ni une apologie
du passé, ni un procès du présent, ni une apocalypse de
l'avenir. Mais, parmi tant d'autres qui se font présentement, un effort très modeste pour mobiliser *avant*, tous
les hommes de bonne volonté et en particulier les chrétiens ; alerter l'attention et la conscience de tous ceux
qui ont décidé de croire à l'avenir ; jeter quelques jalons
en vue de cette nouvelle façon de penser sans laquelle
l'humanité ne pourrait survivre.

Elles ne prétendent pas, ces pages, être autre chose
qu'un abécédaire. Elles en portent le titre qui, délibéré-
ment, s'est donné une expression primaire et naïve. Elles
tâchent également d'en garder le langage qui ne spécule
ni ne jargonne. Même le contenu, enfin, a quelque chose
de l'abécédaire : sans ignorer aucune des riches acquisi-
tions de la recherche contemporaine sur le sujet, il ne se
présente pas comme une contribution strictement scientifique, il ne se meut pas dans la logique abstraite, prophétique ou hallucinatoire.

Si vous êtes de ceux qui ne veulent pas entrer dans
l'avenir à reculons, si vous cherchez un sol ferme où
poser vos pas, vous trouverez peut-être quelque intérêt
et profit à lire ces pages. Dans sa geôle de Reading,
Oscar Wilde découvrait que *l'inattention de l'esprit est le
crime fondamental*. Face aux *Espoirs et aux Terreurs de
l'An 2000*, nul d'entre nous ne désire devenir un criminel.

Première Partie

# Tous, au bord de l'avenir...

*...nous ne pouvons pas plus foncer dans un avenir totalement indéterminé qu'une auto privée de phares dans une obscurité complète.*

(Prat)

# 1

# Dans le vertige de l'Histoire

*Nous avons déjà bien plus de révolutions en poche que nous ne pouvons en faire entrer dans les faits.*

(Pierre de Latil)

Il faut d'abord le dire, au risque de tomber dans un lieu commun : l'homme d'aujourd'hui est entré dans le vertige de l'Histoire. Tout le monde sait, avec certitude, que durant les prochaines décennies il se passera beaucoup de choses. Certains estiment même possible qu'il se passe *quelque chose*.

On parle abondamment de l'accélération de l'Histoire. Un mot bien à la mode, assurément. Mais surtout une réalité dont le réalisme commande de tenir compte. On peut dire que, face à l'An 2000, tous nos *espoirs* et toutes nos *terreurs* prennent racine dans ce fait : les choses, non seulement vont vite, mais vont de plus en plus vite. Un fait dont la signification et les implications profondes commencent à peine à nous apparaître.

## 1. *L'accélération de l'Histoire : le fait*

L'homme est entré et a cheminé dans l'Histoire à pas de tortue ; il s'y engouffre aujourd'hui en avion réacté. Un sociologue américain brosse à ce sujet un raccourci qui en dit long, malgré cette simplification qui appartient à tout ce qui fait court.

Si l'on remonte le cours de l'espèce humaine cinquante mille ans en arrière, on peut compter huit cents générations, chacune d'elles couvrant la durée approximative d'une existence individuelle. Or, de ce nombre, six cent cinquante n'ont pas d'histoire proprement dite. Elles se rangent dans la Préhistoire, cette longue période de plus des trois quarts de l'aventure humaine. Aventure qui se déroulait en quelque sorte sans aventure. L'homme, un aventurier ? Il lui a fallu près de quarante mille ans pour en mériter le titre et en acquérir la conscience :

> Sur ces huit cents (générations), six cent cinquante au moins ont vu le jour dans des grottes [1].

S'il est vrai de dire que l'histoire de l'homme se confond avec celle de ses techniques, il faut bien reconnaître qu'elle est encore à ses débuts, puisque l'homme a vécu plus des trois quarts de son existence sur terre sans autre technique que celle de la pierre, à partir du galet tronqué jusqu'à la hache polie. Celle-ci s'avéra une invention révolutionnaire qui amorça les premières civilisations métallurgiques, quelques millénaires avant l'ère chrétienne. Et puisque l'apparition des métaux correspond au développement des premières civilisations historiques, il faut en conclure que l'histoire proprement dite de l'homme remonte à un passé plutôt récent.

Cent cinquante générations seulement la couvrent. De celles-ci, pas plus de soixante-dix ont connu l'écriture ; dix, l'imprimerie ; deux, les moteurs à vapeur. Quant à la nôtre, la huit centième, elle peut s'enorgueillir d'avoir vu naître, en grande majorité, non seulement les usines et les centres d'achats, mais aussi à peu près tous les biens de consommation qui s'y produisent ou qui s'y vendent.

L'image la plus frappante, en effet, de l'accélération de l'Histoire est bien celle du progrès technique. Même l'homme de la rue dira, et avec raison d'ailleurs, que le 20e siècle a technicisé notre monde plus que tous les autres ensemble, et même les millénaires de la Préhistoire.

Mais s'est-on jamais donné la peine de visualiser ce phénomène et de mesurer l'impression de vertige qu'il

---

1. Toffler, A., *Le Choc du futur*, Denoel, 1971, p. 27.

laisse ? De nombreux faits technologiques pourraient servir d'exemple. Bornons-nous à celui qui a le plus de valeur exemplaire et qui est à l'origine de tant d'autres : l'évolution de la puissance motrice. Deux mille ans avant l'ère chrétienne, l'âne, avec ses muscles, représentait la plus grande source d'énergies motrices. Et il joua ce rôle pendant plus de douze siècles. Ce n'est qu'à l'approche de l'An 1000, avec l'avènement de dompteurs et d'attelages rationnels, qu'on parvint à développer une puissance motrice équivalente à un CV. Un siècle plus tard, le moulin à eau doublait cette puissance. Il a fallu attendre plus de six siècles pour que le moulin à vent, relayant le moulin à eau, vînt à son tour quintupler sa puissance et atteindre le chiffre de dix CV. Puis, au milieu du 18e siècle, arriva l'inventeur Watt avec sa célèbre machine à vapeur et ses cent CV.

A partir de ce moment, ce fut la farandole. Les versions améliorées de la machine de Watt produisaient, un siècle plus tard, dix mille CV. Moins d'un siècle plus tard (1930), les premières centrales hydrauliques atteignaient cent mille CV. Un quart de siècle passe, et en 1955 les premières fusées développent jusqu'à un million de CV.

Meyer, qui traçait alors la courbe de croissance de la puissance des moteurs, a commencé par douter de ce qu'elle laissait prévoir pour un proche avenir :

> Lorsque j'ai établi cette courbe, il y a une dizaine d'années, écrivait–il en 1963, elle imposait, par extrapolation vers l'avenir, des valeurs de l'ordre de la dizaine de millions de CV pour des dates voisines de 1960. Devant l'énormité de ces chiffres, je croyais devoir me montrer réticent, car on voyait mal, à l'époque, ce que pouvait représenter une machine d'une telle puissance. Or on évalue aujourd'hui la puissance de la fusée qui doit arracher un satellite à l'attraction terrestre à dix, à vingt millions de CV [2].

2. Meyer, F., *Teilhard et les grands dérivés du monde vivant*, Carnets Teilhard, no 8. Editions Universitaires.

Ici, comme dans tous les autres domaines de la vie, on aura remarqué avec quelle lenteur l'homme a fait la conquête de l'énergie, combien timidement il est entré dans l'Histoire. Pendant plus de six mille ans, les ressources énergétiques de l'humanité n'ont pratiquement pas changé. La première locomotive à vapeur, qui fit son apparition en 1825, ne dépassait pas les vingt et un km/h, et on a pu dire que les courriers de Napoléon n'étaient guère plus rapides que ceux de César. A partir de 1880, les disponibilités énergétiques de l'homme, et par conséquent ses moyens de déplacement, se sont brusquement accrus dans des proportions inouïes. A cette date, c'est-à-dire vers la fin du 19e siècle, la race humaine atteignait un record de vitesse qu'elle poursuivait depuis deux millions d'années : 160 km/h. Mais à peine cinquante ans plus tard, en 1938, l'avion fracassait ce record en atteignant six cent quarante km/h. Encore vingt-cinq ans, et cette vitesse serait doublée. Quelques années encore, au cours de cette décennie, les avions-fusées approchent les six mille quatre cents km/h, cependant que des cosmonautes se dirigent vers la lune à une vitesse de vingt-neuf mille km/h.

Pour rivaliser le phénomène de l'accélération de l'Histoire dans le domaine de la technologie, prenons un exemple très simple mais qui nous en donne une idée saisissante. Celui d'un magazine populaire qui titre :

> De la passoire au moulin–légumes : deux mille ans. De la moulinette au mixeur : vingt ans.

En d'autres mots : autrefois, une invention pouvait rester nouvelle pendant des millénaires. Aujourd'hui, elle cesse de l'être après vingt ans. Il lui suffit donc de cent fois moins de temps pour vieillir. De sorte que si l'on prolonge la progression géométrique, les inventions aujourd'hui nouvelles ne devraient pas avoir plus de deux mois et demi d'existence (le centième de vingt ans). Jusqu'au jour où, au moment même de leur naissance, elles seront frappées de sénilité.

Les choses vont vite et de plus en plus vite. Non seulement en regard des faits technologiques, mais aussi démographiques. Malthus, on le sait, fut le premier à prévoir l'explosion démographique, et même à proposer des modèles cinématiques pour la visualiser. En retraçant la ligne d'évolution démographique des époques passées et celle des ressources humaines, il concluait que la première suivait la loi d'une progression géométrique (modèle exponentiel), et la seconde, d'une progression arithmétique (modèle linéaire). L'évolution des ressources étant beaucoup plus lente que celle de l'expansion démographique, elle finirait par lui opposer un frein en quelque sorte automatique. La croissance en viendrait à se ralentir et à tendre vers un plafond impossible à dépasser (courbe en S).

Les faits, on le sait maintenant, ont opposé un cruel démenti aux prévisions de Malthus. La courbe de l'évolution de la population mondiale n'a aucunement l'allure d'une courbe en S. Elle n'a même pas celle du modèle exponentiel (progression géométrique). En d'autres mots, la population mondiale ne double pas en des temps égaux, mais en des temps de plus en plus faibles. Au lieu d'être constant, en effet, le taux de croissance, ou pourcentage dont la population s'accroît chaque année, est lui-même croissant. Jusqu'à l'aurore des Temps modernes, la population mondiale ne doublait, globalement, que tous les deux mille ans. De deux cents millions qu'elle était, au début de l'ère chrétienne, elle ne dépassait guère les cinq cents millions en 1650 [3]. Mais de 1650 à 1950, avec l'élévation progressive du taux de croissance, le doublage de la population mondiale s'opère en une période qui décroît de siècle en siècle : deux cent soixante-te ans pour le 17e siècle ; cent soixante ans pour le 16e ; cent dix pour le 19e. Pour la seule période de 1950-1961, on a calculé un doublage tous les trente-sept ans. Le der-

3. Hauser, P. M., *World Population Problems*, Headline Series, Foreign Policy Association, no 174, décembre 1965.

nier rapport de l'UNESCO estime que, au cours des dix dernières années, la population mondiale s'est accrue de 26 % ; ce qui correspond à un doublage en trente ans [4].

Il n'est pas jusqu'à Malthus qui n'ait sous-estimé l'accélération de la croissance démographique. C'est qu'il avait également sous-estimé celle du progrès technique qui a su, non seulement prolonger la vie du vieillard, mais aussi protéger celle du nouveau-né.

Ces quelques faits, banals à force d'être souvent cités, illustrent bien pourtant la rapidité effarante de l'accélération et expliquent déjà l'impression de vertige que le phénomène nous laisse. Une impression qui s'accentue encore si, en plus de la rapidité de ce phénomène, nous observons un peu sa complexité.

La réalité évolutive actuelle présente, en effet, une complexité que l'on commence à peine à percevoir. Abstraitement, on pourrait la figurer, comme dans certains manuels, par une ligne simple, homogène ; un peu comme le moteur d'une voiture dont la vitesse s'accroît à mesure que l'on presse l'accélérateur. La réalité évolutive se présente tout autrement. Elle offre plutôt l'image d'un faisceau de lignes non parallèles, enchevêtrées ; on peut y noter des interruptions de lignes, des retombées, des croisements, des divergences. L'accélération se complique de distorsions. Il ne s'agit plus seulement d'un véhicule dont la vitesse s'accélère, mais d'un flux de véhicules qui ne circulent pas en sens unique, ni même sur des voies parallèles, ni à des vitesses égales ou uniformes. Les uns encombrent la circulation, alors que d'autres la terrorisent. Aux premiers, il faudrait un accélérateur ; aux seconds, un frein.

Il ne faudrait pas, en effet, absolutiser le phénomène de l'accélération et croire aveuglément que tout va plus vite. A côté des choses qui vont plus vite, il y en a d'autres qui ne vont pas plus vite, peut-être moins vite

---

4. Antoine, P., Jeannière, A., *Espace mobile et temps incertains*, Aubier, 1970, p. 18.

qu'autrefois. Prenons seulement le domaine de l'art, que nous nous garderons de confondre avec les techniques d'expression. Celles-ci ont évolué à un point tel qu'elles exercent une sorte d'hégémonie. On se préoccupe moins d'exprimer quelque chose que de trouver des moyens nouveaux pour l'exprimer. Mais exprimer quoi ? Que peut faire aujourd'hui un artiste qui n'aurait que du génie et ignorerait les mathématiques ou la physique ? La science n'a peut-être pas tué les dieux mais les a réduits au silence. On dirait que la littérature n'a plus rien à nous dire et le théâtre, rien à nous montrer, sauf des jeux de mots ou des jeux de lumière. Ce jugement peut paraître sévère. Voici celui d'un homme de science, et qui est bien plus sévère encore :

> Si l'on compare notre époque à celles dont l'Histoire nous donne connaissance, on la trouve inférieure ou stagnante sur tous les registres, hormis ceux qui sont liés à la science expérimentale... et à l'action qui en résulte [5].

En dehors de la science expérimentale et de l'action qui en résulte, de quelle supériorité l'homme d'aujourd'hui peut-il se prévaloir par rapport à l'homme de la Préhistoire ? En dehors de ce domaine bien précis, l'Histoire continue sa petite route étroite et cahotante, et ses exploits techniques ne font que lui donner une allure plus vertigineuse, plus discordante.

Dans ce domaine, au moins, sa supériorité n'est pas seulement évidente : elle est éclatante. Mais ici encore, apparaît la discordance. Qu'on songe, par exemple, au phénomène de l'explosion démographique. Certains le jugent insensé et inquiétant. On voit maintenant venir cette marée qui monte du fond des âges et menace l'équilibre du monde [6]. Pourtant, aucun des moyens qu'on a

5. Fourastié, J., *Lettre ouverte à quatre milliards d'hommes*, Albin Michel, Paris, 1970, p. 14.

6. *Si le taux d'accroissement se stabilisait au niveau évalué pour la période 1965-2000, on aurait, au cours du prochain*

pu mettre en œuvre jusqu'à maintenant n'a réussi à le contrer, sur le plan mondial : ni la contraception, ni l'avortement légalisé, ni la stérilisation. Même observation au sujet de la concentration urbaine : les villes continuent de se multiplier et de grandir même si elles deviennent de moins en moins habitables. Le véhicule, ici, ne dispose pas encore de freins efficaces. Et en disposerait-il, qui oserait les appliquer sans risquer le capotage ? Sommes-nous en face de l'irréversible ?

Autre point de discordance : le progrès technique ne signifie pas la même chose en pays industrialisé et dans ceux que, pudiquement, on appelle *pays en voie de développement*. Dans les uns comme dans les autres, sans doute, le processus s'accélère. Mais la vitesse initiale n'étant pas la même, l'écart d'accélération, entre les uns et les autres, loin de diminuer, tend à s'accroître sans cesse. De sorte que, en termes relatifs, le fossé entre riches et pauvres se creuse d'année en année, créant une situation qui pourrait devenir explosive.

## 2. *L'accélération de l'Histoire : un fait nouveau ?*

Pour qualifier cet actuel phénomène de l'accélération, on cherche des mots pertinents. Nous parlons ici de *vertige de l'Histoire* : comme si le moteur de l'Histoire s'était subitement emballé à un rythme étourdissant, échappant à tout contrôle possible. On a parlé aussi de *métamorphose explosive*. Comme si l'homme vivait aujourd'hui l'expérience de la chenille. A peine sortie de sa feuille que, jusque-là, elle s'était contentée de ronger, elle découvre un univers immense autour d'elle. Elle se découvre surtout soudainement nantie de tous les moyens qu'il lui faut pour observer, écouter, et même explorer ce monde nouveau : elle possède des yeux à facettes, des

---

*millénaire, une augmentation de 5600 p. 100, ce qui donnerait un total de 358 milliards : impossibilité évidente.* Kahn, H., Wiener, A. J., *L'An 2000*, Laffont, 1967, p. 207.

antennes, des ailes. Elle possède également le moyen de brûler ou de briser sa soyeuse et fragile armature, dans un espace multidimensionnel qu'elle ne connaît pas encore et qui lui réserve tant de risques.

Le phénomène de l'accélération nous donne ainsi l'impression d'un brusque départ, d'une sorte de frénésie : d'un accident fortuit de l'Histoire. Qu'en est-il au juste ? L'impression ne se justifie qu'en partie :

> ... en fait, l'accélération, dont nous éprouvons aujourd'hui les effets, n'est que la phase actuelle d'une loi beaucoup plus ample, dont le rythme ne s'est pas démenti depuis le début des temps humains [7].

En fait, l'accélération de l'Histoire peut se représenter par une courbe qui remonte jusqu'aux origines et dont la concavité se dirige constamment vers le haut. Elle s'intègre dans une évolution continue qui peut même admettre une expression mathématique et paraît, par conséquent, obéir à une logique profonde de l'Histoire. Une courbe, d'ailleurs, qui reproduit étrangement les mêmes caractéristiques que celle des temps géologiques, comme l'a montré Meyer, en retraçant la courbe de l'accroissement du nombre des espèces ou du développement des centres cérébraux. Des savants avancent même l'hypothèse que l'accélération actuelle ne serait que le prolongement, à l'échelle de l'Histoire humaine, d'une accélération évolutive à l'échelle de tous les temps : *le rebondissement humain de l'évolution,* disait déjà Teilhard de Chardin. Ou encore :

> l'extrême pointe de la flèche évolutive, lancée il y a peut-être deux ou trois milliards d'années [8].

Disons donc que, objectivement, le fait de l'accélération de l'Histoire n'est pas nouveau. Mais il l'est subjective-

7. Meyer, F., *L'Accélération de l'évolution,* dans l'*Encyclopédie Française,* vol. XX, pp. 20-24-25.
8. *Id., Ibid.,* pp. 20, 24, 25, 26. Déjà Pythagore disait : *Dieu géométrise tout.*

ment. C'est-à-dire que, pour la première fois de son Histoire, l'homme devient conscient de la vague qui le porte depuis ses origines. Pour s'en rendre compte visuellement, il suffit de découper, sur la courbe de l'accélération, deux intervalles de temps identiques, distants l'un de l'autre de quelques millénaires, et représentant chacun la durée d'une existence humaine. Dans le premier cas, que nous appellerons *hier*, la hauteur de la courbe est à peine perceptible, tandis que dans l'autre cas *aujourd'hui*, elle saute aux yeux. A l'échelle d'une vie humaine, dans le premier cas le changement ne pouvait être perceptible, de façon continue et permanente, à l'expérience humaine. L'Histoire connaissait des bouleversements et des fluctuations, mais on les percevait surtout comme un mouvement de flux et de reflux, de sorte que l'océan présentait, somme toute, l'image de la stabilité. C'est dire que, jusqu'à un passé très récent, les transformations s'accomplissaient si lentement qu'un homme pouvait passer toute sa vie sans les remarquer. Dans l'avenir, et malgré la marge d'imprévisibles qu'il comportait toujours, on pouvait toujours voir son existence écrite d'avance. Ecrite et même décrite. L'homme pouvait facilement s'y situer et s'y comprendre. Rares étaient pour lui les situations nouvelles. Minime, par conséquent, la nécessité de s'adapter.

Pour l'homme d'aujourd'hui, au contraire, ce rythme est brisé et irrémédiablement. Avec sa nouvelle temporalité, il entre dans un monde nouveau, aussi passionnant qu'inquiétant. Qu'entendons-nous présentement ? Les premiers vagissements d'un monde nouveau ou les derniers balbutiements d'un monde ancien ? L'homme est-il au début ou au terme de son aventure humaine ? Pour la première fois, en termes statistiques, l'homme sent peser sur lui la menace de l'avenir.

# 2

# L'avenir, une maladie ?

*Il est fort possible que ce soit la maladie la plus grave de demain.*

(Toffler)

Il n'est pas exagéré de dire que la quasi-totalité des malaises et des problèmes que l'homme d'aujourd'hui doit affronter se posent en termes d'accélération de l'Histoire, et plus précisément, de distorsions du temps. Ce n'est plus l'homme qui va vers l'avenir. C'est l'avenir, dirait-on, qui vient vers l'homme à une vitesse vertigineuse et cahoteuse.

Certains se posent carrément la question : L'homme aura-t-il la puissance physique et psychologique nécessaire pour absorber ce choc ? Certains parlent même d'une maladie de l'avenir, à laquelle d'ailleurs ils ont trouvé un nom : la *progérie.* Il y a là, en tout cas, un phénomène qu'on ne saurait sous-estimer si l'on voulait tenter une psychologie sociale de notre époque. Un phénomène vraiment nouveau et sur lequel, hélas ! les sciences humaines ne se sont guère penchées encore sérieusement.

## 1. Un phénomène nouveau

On voudrait bien pouvoir apparenter ce phénomène à une constante de toutes les époques ; à cette sorte d'angoisse que les hommes de toujours ont ressentie à se voir emportés dans le devenir historique. Cette angoisse que les époques romantiques ont particulièrement chantée.

Ce n'est pas d'aujourd'hui que l'on célèbre le *crépuscule des dieux*, ou le crépuscule de l'Histoire tout court.

Déjà, à un monde où régnait une bourgeoisie béate, Victor Hugo présentait ses *Chants du Crépuscule* :

> Tout aujourd'hui, dans les idées comme dans les choses, dans la société comme dans l'individu, est à l'état de crépuscule. De quelle nature est ce crépuscule ? de quoi sera-t-il fait ? Question immense... La société attend que ce qui est à l'horizon s'allume tout à fait ou s'éloigne complètement. Il n'y a rien de plus à dire.

De ce qui était à l'horizon, rien ne s'est allumé tout à fait et rien ne s'est éteint complètement. Et le vieux poète, qui n'avait plus rien à dire, a continué de dire beaucoup de choses. L'histoire des hommes, en effet, a toujours baigné dans un état crépusculaire où

> Croyances, passions, désespoir, espérances,
> Rien n'est dans le grand jour et rien n'est dans la nuit,
> Et le monde, sur qui flottent les apparences,
> Est à demi couvert d'une ombre où tout reluit [1].

Cette angoisse historique a pu avoir parfois des effets pathologiques. Elle peut en avoir encore aujourd'hui. Aujourd'hui surtout où affleure de plus en plus la conscience que l'homme est arrivé au carrefour *du meilleur et du pire*.

Pourtant, quand nous parlons ici de maladie de l'avenir, il n'est pas question de cette angoisse au sens traditionnel, même poussée à l'état morbide. Il s'agit plutôt d'un phénomène essentiellement lié à l'accélération de l'Histoire et qui s'apparenterait à ce que les psychologues appellent le *choc culturel*. Ce choc, toutes les personnes qui, brusquement, ont été transplantées dans un milieu physique et social tout à fait différent, le connaissent bien.

Dans une clinique de l'Université de Bâle, en Suisse

---

1. Hugo, V., *Oeuvres Poétiques*, Bibliothèque de la Pléiade, t. 1, p. 811.

allemande, un médecin voit un jour arriver un couple d'une soixantaine d'années. L'homme raconte au spécialiste que sa femme a perdu l'appétit, qu'elle maigrit ; elle ne s'intéresse plus à rien, souffre d'insomnies et parle de suicide. Pendant ce temps, la femme, muette, regarde fixement un point situé derrière le médecin. Celui-ci finit par découvrir que ses deux visiteurs avaient quitté, depuis plusieurs années, leur patelin natal pour vivre dans un village de montagne isolé, en Suisse italienne, séparés de leur famille, de leurs amis, de leur paroisse, de leurs horizons familiers ; aux prises avec une langue qu'ils parlaient mal et un climat qui leur déplaisait. Il put persuader le mari de ramener la malade dans son milieu natal. Quelques semaines plus tard, elle avait retrouvé la santé et le goût de vivre.

Le choc culturel n'est qu'une illustration d'une vieille loi de la psychologie courante : le milieu extérieur d'une personne ne peut changer sans entraîner un changement de son milieu intérieur. Il entraîne souvent une incapacité d'adaptation, une déformation de la réalité, une rupture des communications.

L'accélération de l'Histoire produit un choc un peu comparable à celui-là. Elle a déclenché à l'échelle du monde un mouvement migratoire, dans l'espace et dans le temps : un espace et un temps de plus en plus mobiles. Il n'y a plus d'enracinement possible. Les systèmes de références sont sans cesse à réévaluer. Chaque homme doit, chaque jour, réinventer ses gestes, son langage, et tout son comportement. Il n'a plus d'héritage. Le choc de l'accélération apparaît ainsi autrement plus menaçant que le simple choc culturel. D'abord, il n'affecte plus quelques individus isolés, mais la société tout entière. Il ne laisse plus, comme à l'immigré, la certitude ni même l'espoir de pouvoir, un jour, retrouver « le pays natal » : plus de repli possible sur un paysage social qui serait familier. Enfin et surtout, il plonge dans un milieu lui-même en proie à un perpétuel bouillonnement, où l'acclimatation ne signifie plus l'enracinement, mais la mobilité constante. L'homme d'aujourd'hui ressemble à un immigrant condamné à immigrer sans cesse.

## 2. *La grande menace de demain*

La grande menace de l'avenir n'est pas celle qui pourrait d'abord venir à la pensée : guerre atomique, tensions internationales, famine, surpopulation, pollution du milieu ambiant, dictatures policières, etc. Autrement plus menaçant que tout cela : l'impact d'une évolution accélérée sur l'organisme et le psychisme humains :

> En emballant sans discernement le moteur de l'évolution, nous minons peut-être non seulement la santé de ceux dont les facultés d'adaptation sont les moins développées, mais également leur aptitude à agir raisonnablement [2].

Quelques chercheurs commencent à mesurer et évaluer scientifiquement cet impact. De plus en plus, on parle d'écologie humaine. On s'aperçoit que la maladie, tant physique que mentale, n'est pas uniquement le résultat de virus ou de microbes, mais de plus, et pour une large part, celui de l'environnement général. Et non pas seulement de la pollution de l'air ou de l'eau, mais aussi d'un état de changements accélérés :

> Toute vie implique une interaction entre l'organisme et l'environnement [3].

Vérité élémentaire. Elle signifie que si l'homme agit en réalité sur son environnement, de même l'environne-

---

2. Toffler, A., *op. cit.*, p. 328. Et avec un grain d'humour presque noir, l'auteur prétend que lancer aujourd'hui un homme dans l'avenir sans le prémunir contre le choc du changement, *c'est exactement comme si la NASA avait expédié Armstrong et Aldrin tout nus dans le cosmos.*

3. Hinskle, E., Jr., *Le docteur, son malade et l'environnement*, dans *The American Journal of Public Health*, janvier 1964, p. 11.

ment agit sur l'homme. Action facile à constater de la part des éléments physiques, chimiques ou géographiques, mais que dirait-on d'une action sur l'homme due au seul fait que son environnement ait changé ? C'est le cas [4]. De plus en plus, on se rend à l'évidence que des changements précipités mettent à une rude épreuve l'organisme et le psychisme humains.

Qu'arrive-t-il lorsqu'on se trouve en face d'une situation nouvelle, quelle qu'elle soit ? Il se produit alors une activité explosive de l'organisme, et en particulier du système nerveux. Le flot habituel des signaux sensoriels s'interrompt, et à sa place, tout un réseau de signaux d'alarme s'allume [5]. C'est la *réaction d'attention*, qui peut s'observer sur tout être vivant lorsqu'il entend, par exemple, un bruit qui ne lui est pas familier. Mais la réaction, chez l'être intelligent, peut aussi se produire devant une situation et des idées non familières. Un exemple à la fois classique et très actuel : celui du croyant qui n'a jamais mis en doute l'existence d'un Dieu vivant et qui entend tout à coup parler, par d'autres croyants, de la mort de Dieu... Ce n'est pas seulement sa foi qui subit une rude épreuve, mais aussi son système nerveux et endocrinien. Car toute réaction d'attention exige un apport supplémentaire d'énergies vitales que l'organisme doit puiser dans ses propres réserves :

> Elle intéresse l'organisme tout entier. Et lorsque le nombre des éléments nouveaux augmente, c'est là la

---

4. A l'Université de Washington, des spécialistes ont mis au point un instrument capable, disent-ils, de mesurer quantitativement les effets du changement sur un individu donné. La *Life-Change Units Scale*, ou l'*Echelle des Eléments de Changement de Vie*, aurait déjà donné des résultats spectaculaires. Voir là-dessus : *Journal of Psychosomatic Research*, vol. 10, 1967, pp. 213-218.

5. Les neurologues viennent même de découvrir que le cerveau possède un centre spécial pour détecter les stimuli inhabituels. Voir Sokolov, E. N., *Annual Review of Physiology*, 1963, vol. 3, pp. 540-580.

définition du changement, les réactions d'attention se déclenchent en permanence. Ce qui est sans doute épuisant pour l'organisme, qui est alors surchargé [6].

Sur le simple plan de la santé, tout effort d'adaptation se paye par une usure progressive de l'organisme. Sans doute, le développement personnel, une performance physique sont le résultat d'un effort répété d'adaptation. Mais il y a toujours un seuil à ne pas franchir, au-delà duquel nous guette la catastrophe.

Mais elle nous guette surtout sur le plan psychique. Le vertige de l'Histoire ne menace pas seulement l'organisme ; il menace surtout l'équilibre intellectuel et moral. Les psychologues nous diront, et avec raison, que le système nerveux et, par conséquent, l'équilibre mental exigent un environnement d'où provienne un certain degré de stimulation, mais ne peuvent résister à un environnement qui écrase, qui oppresse. En d'autres mots et plus simplement, disons : situez une personne humaine dans un milieu où il ne se passe absolument rien et elle risque de devenir folle. Mais elle risque également de le devenir dans un milieu où il se passe trop de choses. Dans le premier cas, le déséquilibre est attribuable à la sous-stimulation ; dans le second, à la sur-stimulation. Le premier cas a d'abord attiré l'attention des hommes de science, et l'on connaît bien les expériences sur le comportement d'un homme réduit à l'isolement absolu, soit dans les profondeurs d'une grotte soit sur des bases de l'Arctique. Les symptômes morbides ne sont pas longs à apparaître. Mais on constate qu'ils apparaissent également, et presque identiques, dans une situation de sur-stimulation, quand un homme se trouve dans des conditions extrêmes : qui changent rapidement et exigent de rapides efforts d'adaptation. A force de chercher une réalité fuyante, on finit par se rendre complètement incapable de la trouver. L'expression populaire de *choc ner-*

---

6. Lubin, A., cité par Toffler, A., *op. cit.*, p. 322. Témoignage recueilli par l'auteur.

*veux* décrit bien le phénomène, mais ne l'explique pas. Il désigne l'état de quiconque a dépassé le seuil de ses possibilités d'adaptation, n'a pu marcher au rythme des événements et a été dépassé par eux. Qui n'a pas vu des victimes de sinistres ou de catastrophes poser des gestes tout à fait irrationnels, par exemple : courir à toutes jambes pour fuir un danger qui est passé. Ou, la plupart du temps, ne sachant ni où ni pourquoi ils courent. On a remarqué, au cours de la dernière Guerre Mondiale, des soldats, et surtout des commandos, chargés de missions particulièrement difficiles, obligés par conséquent de prendre des décisions rapides et complexes, s'avérer tout à coup incapables de toute décision, sombrant dans une sorte d'hébétude et même de sommeil[7].

A partir de ces cas extrêmes, on a pu retracer les symptômes et les étapes de cette détérioration psychologique que peuvent engendrer des situations trop changeantes. Ces symptômes, croyons-nous, ont valeur exemplaire. Ils s'appliquent fort bien à l'homme contemporain qui doit subir la brusquerie et la permanence des transformations autour de lui. Ils décrivent aussi certains de ses comportements et peuvent, en grande partie, les expliquer.

Le premier de ces symptômes est le désarroi intellectuel. On ne retrouve plus, autour de soi, l'ordre auquel on était habitué. Les idées les plus familières, qu'on s'était forgées au contact de la réalité, ne cadrent plus avec cette dernière. Les mots n'arrivent par conséquent plus à l'exprimer. Autrefois, on pouvait parler de guerre et de paix et se référer ainsi à deux situations bien tranchées et contradictoires. Maintenant, avec les guerres tièdes, les guerres froides, les guerres par procuration, les guerres politiques, on ne sait plus fixer de frontière entre les temps de paix et les temps de guerre. L'ambi-

---

7. Le cas du débarquement en Normandie a été particulièrement analysé par R. L. Swank et E. Marchand, *La névrose de la bataille, Les stades de l'épuisement au combat*, dans les *Archives of Neurology and Psychiatry*, LV, 236, 1946.

guïté a envahi les mots parce qu'elle a envahi les idées et les situations.

Elle a envahi notamment le domaine de la morale. C'est ici peut-être que le désarroi est le plus total et le plus tragique. Croit-on encore au Bien et au Mal ? Oui, et peut-être autant que jamais. Sauf qu'on ne sait plus où est le Bien et où est le Mal. Avant d'incriminer le sens moral de notre époque, en effet, il convient de se rappeler qu'

> Il y a un gouffre entre la réalité concrète du monde moderne et les principes moraux.
> Les règles éthiques dont nous avons l'habitude et qui dérivent toutes des vieilles religions, sont de moins en moins adaptées aux problèmes réels que devra affronter l'homme de l'avenir [8].

Dans une société sacralisée, les règles éthiques étaient des impératifs inconditionnels : on pouvait les trouver gênantes, on pouvait tricher avec elles, mais au moins on savait qu'elles existaient et on y trouvait un soutien. Depuis que Dieu est mort et que, par conséquent, tout est permis, quel homme, face à sa responsabilité d'homme, est sûr d'avoir raison ? Celui-là même qui a le plus contribué peut-être à l'éclatement du Bien et du Mal, Camus, pose la question avec son habituelle brutale franchise :

> Existe-t-il un parti des gens qui ne sont pas sûrs d'avoir raison ? C'est le mien.

Le désarroi intellectuel et moral de l'homme contemporain est le premier choc qu'il a reçu d'une Histoire en vertige. Désarroi aggravé encore par une surabondance d'informations. On a calculé que, par les imprimés, la radio et la télévision, l'homme moyen, du moins en Amérique du Nord, ingurgite plusieurs dizaines de milliers de

---

8. Textes de Ignace Lepp et de François Jacob, cités par Jean Fourastié, *Essais de Morale prospective*, Editions Gonthier, 1967, p. 99.

mots et d'images par jour, sans compter les quelques cinq cents messages publicitaires qui bombardent ses oreilles. Nous vivons à longueur de journée devant un écran géant où se projettent toutes les horreurs du monde ; dans un supermarché idéologique où les marchands d'opinions étalent leur marchandise, souvent discutable, parfois infecte, tandis que des prophètes prononcent leurs oracles. Tout ce qu'il faut pour qu'aux yeux de plusieurs notre monde ressemble à une maison de fous. Un monde dont beaucoup de jeunes s'éloignent, en jeans et en sandales, au son de la musique rock, en marmottant de l'argot, à la recherche de quelque plage déserte et de quelque mysticisme à l'orientale. A moins que, par la magie des effets lumineux psychédéliques ou de la drogue, l'on n'arrive à faire éclater les cloisons du moi intérieur et à découvrir un monde nouveau, un monde de nouvelles illusions. Tous ces comportements et bien d'autres expriment un refus de la réalité, une évasion du temps. Comme le soldat qui, en pleine mêlée, tombe dans le sommeil. Tel est le premier symptôme : un désarroi intellectuel qui entraîne une démission de l'esprit. Que de gens, aujourd'hui, pensent avoir vaincu leur désarroi alors qu'ils ne l'ont que noyé dans le sommeil !

Mais les autres, ceux qui refusent de dormir ? Ceux qui, particulièrement sensibles aux problèmes religieux et métaphysiques, osent regarder la réalité en face et l'interpeller ? Imperceptiblement, ils passeront parfois du désarroi à l'angoisse. Telle est la deuxième étape de la dégradation psychologique dont nous parlions plus haut. Leurs questions restent posées et ils se demandent, en plus, si elles ont une réponse. Pour eux, il devient de moins en moins évident que notre monde ait un sens. Ils ont fini par comprendre que la science a pu résoudre nombre de problèmes, qu'elle pourra peut-être les résoudre tous. Et ensuite ? Une fois qu'elle les aura tous résolus, le problème restera entier. Elle aura donné aux hommes des moyens de vivre, mais elle ne leur donnera jamais et n'a pas d'ailleurs à leur donner de raisons de vivre. Les progrès de la rationalité ne marchent pas de pair avec les progrès de la raison. Voilà une évidence qui éclate de plus en plus et qui suscite l'angoisse. L'homme d'aujourd'hui a fait l'expérience de situations absurdes. Il a vu l'abondance engendrer la misère, des peuples qui meurent de faim, à côté d'autres peuples qui gaspillent ou détruisent leurs denrées alimentaires. Il a entendu des hommes politiques déclarer que leur pays est si attaché à la paix qu'il est disposé à la défendre par les armes ; des voix qui, au nom du respect de la vie, réclament à hauts cris l'avortement sur demande. Il sait qu'une guerre mondiale reste toujours possible, alors même qu'au jugement de tous les belligérants, elle signifierait la destruction des vainqueurs comme des vaincus.

Si l'on pouvait, au moins, imputer toutes ces absurdités à la nature. Elles resteraient absurdes, mais l'homme n'en serait que la victime, comme il peut l'être d'un cataclysme naturel. Mais cet alibi lui est même refusé. Toutes ces absurdités trouvent leur origine dans l'homme.

Monsieur Monod, on n'en demande pas tant[9] ? Accordons qu'à l'origine de tout, il n'y ait eu aucun dessein ordinateur, et que l'aventure évolutionniste n'ait suivi aucune direction ; admettons donc que le monde, en lui-même, n'ait pas de sens. Comment se fait-il que l'homme n'ait pas réussi à lui en donner un, avec toutes les ressources de son intelligence, de sa liberté, avec l'énorme potentiel de sa technique ? Qu'il puisse mettre sur pied tous les moyens d'être heureux sans pouvoir bâtir le bonheur ?

---

9. Dans un livre récent *Le Hasard et la Nécessité*, le professeur Monod, prix Nobel de Médecine, soutient que le jeu complexe de l'évolution, y compris la sélection, n'a pas d'autres causes que le hasard. L'homme lui-même, par conséquent, n'est qu'un *hasard capté, conservé ;* un mot mieux orthographié dans la grande ligne de l'évolution. Puisque « *d'un jeu totalement aveugle, tout, par définition, peut sortir* » (p. 112). Comme le singe dactylographe, a-t-on dit, qui, au cours de millénaires. à force de taper au hasard sur le clavier de sa machine, finirait par reconstituer une œuvre de Shakespeare.

L'angoisse de l'homme contemporain est avant tout existentielle. Elle ne vient pas surtout des élucubrations savantes : elle vient de ce fait auquel il est affronté tous les jours. Sa détérioration mentale, commencée avec le désarroi, se continue avec l'angoisse. Toujours comme le soldat sur le champ de bataille, il devient tendu, irascible. L'instinct de la violence s'éveille en lui. Une agressivité pathologique dicte ses comportements et ses actes. Par tous les moyens, il tentera de se libérer. Il remplacera ses chaînes par d'autres chaînes, son esclavage par un autre esclavage.

Jusqu'au jour où il atteindra le stade de l'épuisement émotionnel : l'état suicidaire.

Le savant qui a dirigé les recherches sur les commandos de la dernière Guerre atteints de la *Long Range Penetration Strain*, constate qu'à la fin, le soldat paraissait avoir perdu jusqu'au désir même de vivre. Au cœur de la bataille, il n'essayait même plus de lutter ou de se protéger :

> ... ... triste et stupide ... mentalement et physiquement retardé, inquiet. Son visage lui-même reflétait sa tristesse et son apathie. Sa lutte pour s'adapter s'était terminée en défaite. Le stade de la démission totale était atteint [10].

Selon un estimé de l'Organisation mondiale de la Santé, il se commet, dans le monde occidental, environ deux suicides à la minute [11]. Estimé très conservateur, disent les spécialistes, et qu'il faudrait multiplier par deux. Chiffre auquel il faut encore ajouter les suicides ratés, encore cinq fois plus nombreux. Sans compter, de loin les plus nombreux, les candidats au suicide, ceux qui offrent tous les symptômes de cet état psychique que les savants viennent d'identifier et qu'ils appellent syndrome présuicidaire. Un syndrome formé de trois symptô-

10. Swank, R. L., *op. cit.*, pp. 38-39.
11. Warshofsky, F., *Lueurs sur le Suicide*, dans *Sélection*, Vol. 51, no 302, août 1972, p. 91.

mes. Le sujet d'abord se sent coincé, comme dans un cachot dont les murs se rapprochent sans cesse et qui n'offrent pas d'autre issue que la mort. Il se sent démuni, impuissant à renverser ces murs qui finiront, pense-t-il, par l'écraser. Il renonce à extérioriser son agressivité, mais elle gît toujours en lui. Un désir alors le possède : retourner contre lui-même cette agressivité qu'il ne peut tourner contre rien ni personne. Enfin, troisième symptôme : une obsession morbide de la mort, de sa mort dont il dresse, dans son esprit, un scénario minutieux. Il est possédé du *fantasme de la mort*.

> Quand un malade, dit le docteur Ringel, présente à la fois ces trois symptômes, on est en présence d'un candidat de premier ordre au suicide, et il faut immédiatement le traiter [12].

L'avenir, une maladie ? Peut-être la plus grave de demain. Bien que son signalement n'ait encore été que fort peu relevé par les futurologues, elle commence à attirer l'attention et à susciter l'inquiétude de certains d'entre eux qui ont lancé l'alerte :

> ...Si aucune mesure intelligente n'est prise pour la contrecarrer, des millions d'êtres humains se sentiront de plus en plus égarés et deviendront petit à petit incapables d'affronter de façon rationnelle le monde qui les entoure [13].

---

12. *Ibid.*, p. 93.
13. Toffler, A., *op. cit.*, p. 25.

# 3

# L'avenir, une science nouvelle?

*Sur le temps aussi, l'intelligence humaine étend
en quelque sorte son empire.*

(Vatican II)

Des mesures, et des mesures intelligentes s'imposent
à l'homme d'aujourd'hui s'il ne veut pas être emporté
dans le tourbillon des prochaines décennies. Dès à présent, l'avenir porte pour lui une menace certaine de dé-
chéance physique et psychologique dont les symptômes
morbides n'échappent pas. Mais à côté, on en voit se
dessiner d'autres qui ressemblent à un système de
défense.

De plus en plus, chez les représentants les plus sérieux de notre époque, s'organise un effort prospectif
concerté; disons, avec toutes les nuances que nous y
mettrons : une science de l'avenir.

## 1. *L'effort prospectif actuel*

Pas n'est besoin d'être grand clerc pour reconnaître,
à l'effort prospectif actuel, un sérieux et une dimension
qui le distinguent de tous ceux qui ont pu précéder.

Les efforts pour interroger l'avenir, en effet, ne datent
pas d'aujourd'hui. Par une bonne part de lui-même, peut-
être la meilleure, celle de ses aspirations, de ses attentes
et de ses angoisses, l'homme a toujours appartenu à l'avenir. Il a toujours perçu, au moins vaguement, que le
passé perdure encore dans ses effets et que l'avenir

existe déjà dans ses causes. Il n'a jamais cru pouvoir vivre en profondeur le moment présent sans une projection à la fois vers le passé et vers l'avenir. C'est ainsi que, dans leur mythologie, les Grecs avaient fait place à deux divinités. L'une, tournée vers le passé : Epiméthée. L'autre, tournée vers l'avenir : Prométhée. L'un et l'autre fils de Titan, et frères de sang. Ils voulaient signifier par là que chez tout homme normal un même mouvement le tourne vers le passé et vers l'avenir. Qu'il a également besoin de ses souvenirs et de ses rêves.

Parce qu'il porte en lui une dimension historique, l'homme ne peut pas ne pas avoir une conscience prospective. Chaque époque a donc produit ses futuromanes, et à ce point de vue non plus la nôtre ne diffère pas des précédentes. Il y a toujours eu et il y a encore des praticiens de la futuromanie. Des gens qui font profession de vivre n'importe où pourvu qu'ils vivent à l'écart du passé et du présent. Qui vivent à ce point dans l'avenir qu'ils finissent par le lire. Et non pas à travers les lignes de la réalité économico-sociale, mais à travers les lignes de la main, par la magie des cartes, des nombres ou de la géographie sidérale.

A venir jusqu'à ces dernières années, peut-on dire, s'intéresser à l'avenir ne faisait ni sérieux ni réaliste : un jeu fort apprécié de préférence par les esprits fantaisistes ou naïfs. Le réalisme d'alors s'exprimait bien dans la riposte de Sieyès à ceux qui reprochaient à la Révolution Française tous ses débordements d'irresponsabilité : *C'était assez simplement, de survivre.* Trop absorbé par les tâches et les responsabilités du présent, on ne se souciait guère de celles de l'avenir. C'eût été d'ailleurs gaspillage d'énergies. Il était bien entendu, admis de tous, que Dieu nous *laisse l'espace,* mais qu'Il garde *la durée.* Dans cette perspective,

> ...l'avenir n'est à personne.
> Sire, l'avenir est à Dieu.

On a reconnu les illustres vieux dogmes d'un illustre

vieux poète. Ces dogmes ont perdu aujourd'hui, sinon leur valeur poétique, du moins leur contenu dogmatique. Lorsque le Concile Vatican II parle d'une *nouvelle problématique* qui se pose à l'homme d'aujourd'hui [1], il désigne précisément sa situation inédite face à l'avenir. Aussi longtemps qu'il vivait la phase statique de son destin, l'être le concernait plus que le devenir. Il pouvait se contenter d'attendre l'avenir, résigné d'avance à le subir.

Mais voilà que l'homme a franchi un seuil de son histoire :

> ... le genre humain passe d'une notion plutôt statique de l'ordre des choses, à une conception plus dynamique et évolutive [2].

La loi de son propre dynamisme l'oblige impérieusement à se tourner vers l'avenir, à se laisser interpeller par lui comme une voix qui, tout à coup, s'élève des profondeurs de sa conscience. Il ne se découvre plus le droit de subir l'avenir, tout simplement : il se voit condamné à le faire. La sagesse a changé de nom. Elle ne s'appelle plus simple attente, simple résignation. Elle s'appelle prévision, prospective.

Puisqu'il a mis en mouvement des forces capables de l'écraser et de le libérer, l'avenir ne pèse plus sur lui comme un simple inconnu, mais comme une responsabilité. Comparable à l'automobiliste parvenu à la jonction de deux routes dont une seule est la bonne, l'homme d'aujourd'hui déploie toutes ses cartes routières et les scrute à la loupe. Il fouille l'horizon, tâche de localiser tous les accidents de terrain, toutes les bornes kilométriques.

On s'explique qu'aujourd'hui ce ne sont plus seulement les futuromanes qui se tournent vers l'avenir, avec leur imagination fantaisiste ; ce sont aussi les savants

---

1. *GS* 5, 3.
2. *Id., ibid.*

avec le faisceau de leurs recherches et de leurs investigations scientifiques. Il ne s'agit plus de rêver ou de divaguer sur l'avenir ; il s'agit d'en spéculer sérieusement, de le préparer, de le faire dès à présent. On ne parle plus seulement de futuromanie, mais aussi de futurologie. L'avenir est en voie de devenir une science nouvelle.

## 2. *Une science nouvelle*

En 1967, un premier congrès international de futurologues se réunissait à Oslo et groupait soixante-dix savants qui jetaient les bases de cette science naissante. Trois ans plus tard, en avril 1970, ils se retrouvaient de nouveau à Kyôto, Japon. Cette fois, ils étaient trois cents savants, de toute discipline et de toute idéologie, mais ils partageaient tous un objectif et un souci commun : éviter la catastrophe. L'un d'eux, Robert Junk, à qui on demandait d'expliquer le départ prodigieux de cette science nouvelle, répondit laconiquement : *La peur*[3]. Il y a à peine dix ans, un historien aussi sérieux que Raymond Aron pouvait encore écrire :

> Nous sommes beaucoup trop obsédés par le 20e siècle pour passer notre temps à spéculer sur le 21e. Les prévisions historiques à long terme sont démodées[4].

Il songeait sans doute alors à tous ces tâtonnements hasardeux du Futur, à la façon de Huxley et à sa vision effrayante d'un *Brave New World* ; à la façon de tous ceux qui, sans méthode précise ou avec des méthodes suspectes, suivent le sentier de Nostradamus[5]. Pourtant,

---

3. Interview rapportée dans *L'Express*, no 966, p. 69.
4. Aron, R., *La Société industrielle et la Guerre*, 1960.
5. Des savants chevronnés se penchent encore sur le cas *Nostradamus*. En 1966, on a célébré le quatrième centenaire de ce médecin français qui a tout prédit, y compris la romanesque renommée qui s'attacherait à son nom. Plusieurs s'émerveillent de son incroyable prescience. D'autres n'y voient que des prémonitions postérieures. Fut-il un futuromane ou l'ini-

depuis dix ans, les prévisions historiques à long terme, qu'Aron jugeait démodées, n'ont jamais été autant à la mode. Jamais on n'aura autant spéculé sur le 21e siècle. Le marché du livre a été inondé de publications dont plusieurs ont été des *bestsellers* et ont mérité l'audience des esprits les plus sérieux. Et surtout, plus d'une demi-douzaine d'institutions spécialisées se sont créées, dans divers pays, ceux surtout de type postindustriel :

> ... pour s'occuper avec conscience et sérieux des problèmes posés par l'avenir [6].

Depuis dix ans, peut-on dire, la futurologie a pris un départ spectaculaire. Départ que Teilhard de Chardin avait prévu. Il y a trente ans, en effet, penché sur l'observation du *phénomène humain*, il pouvait écrire :

> Le dix–neuvième siècle et le vingtième à ses débuts

---

tiateur lointain de la prospective ? Dans sa *Lettre à Henri II*, il proteste ne prévoir *les événements futurs que d'après ceux qui sont passés ou présents.* Il parle par ailleurs de ses augures et avoue utiliser, pour une certaine part, le Trépied d'Airain, que les adeptes du spiritisme connaissent bien. La véritable épreuve, la minute de vérité de Nostradamus aura peut-être lieu aux approches de l'An 2000. Pour une fois, en effet, le prophète-astrologue précise : *L'an mil neuf cent nonante neuf, sept mois* (juillet 1999), *du ciel viendra un grand Roy d'effrayeur* ... Il inaugurera une ère de paix et de bonheur universels, suivie elle-même d'une grande crise.

6. Kahn, H., Wiener, A. J., *L'An 2000*, Laffont, 1968, p. 32. Ce livre, a-t-on dit, est *le premier qui fasse passer la prédiction de l'ère des devins à celle des savants.* Jugement un peu catégorique, sans doute. Ce livre pourtant marque certainement un des premiers efforts méthodiques et rationnels de l'investigation de l'avenir. Les deux auteurs appartiennent l'un et l'autre à la *Hudson Institute,* groupe de chercheurs qui se consacre spécialement à l'étude de l'avenir et qui déjà, au cours de la dernière Guerre, inspirait les stratèges américains, ceux de la guerre et ceux de la politique. Plusieurs institutions semblables existent aux E.U.A., ainsi qu'en France (le groupe *Prospectives* de Gaston Berger ; *Futuribles*, de Bertrand Jonvencel, en Angleterre (*Social Science Research*), et en Allemagne où quatre instituts de futurologie s'organisent.

s'étaient surtout attachés à éclairer le passé de l'homme... Voici maintenant que le faisceau des recherches scientifiques (se dirige) *en avant* [7]...

Il fut l'un des premiers, sinon le premier, à opérer ce changement de perspectives et à l'asseoir sur des bases aussi solides que possible. Au plein feu de sa carrière de chercheur, il avouait que, pour des raisons nées du progrès même de sa recherche, le passé et sa découverte avaient cessé de l'intéresser [8]. Par sa méthode bien à lui, mais du seul point de vue expérimental, phénoménal, il avait acquis la certitude que l'Univers représente un vaste système spatiotemporel où tout apparaît et subsiste en fonction du tout. Système soumis à une perpétuelle agitation sans doute, mais agitation qui laisse apercevoir en elle la trace d'une direction possible, un axe privilégié d'évolution qu'il appartient à l'observation attentive et loyale de saisir :

De ce chef, (la Vie) a un fil que rien ne saurait supprimer, et qui doit se retrouver, non pas altéré, mais respecté, utilisé et exprimé jusque et surtout dans les formes les plus hautes et les plus conscientes de son développement [9].

C'est ainsi qu'on a vu naître et qu'on voit se développer une science nouvelle de l'avenir : la prospective.

### 3. *Grandeurs et misères de la prospective*

La prospective est la seule et unique façon d'appartenir réellement à l'avenir. Alors que toute autre façon ne peut être que stérile et stérilisante, celle-là constitue une attitude positive et créatrice.

Dans une mention qui a échappé à la quasi-totalité

---

7. Teilhard de Chardin, *Le Christ évoluteur*, 1942, p. 2.
8. *Id., Lettre du 8 septembre 1935.*
9. *Id., Les Directions et les Conditions de l'Avenir, Oeuvres,* Editions du Seuil, vol. 5, pp. 293-294.

des commentateurs, le Concile Vatican II soulignait déjà et saluait ce noble effort de la science contemporaine; elle n'a pas seulement entrepris la conquête de l'espace sidéral, mais

> Sur le temps aussi, l'intelligence humaine étend en quelque sorte son empire : pour le passé, par la connaissance historique ; pour l'avenir, par la prospective et la planification [10].

La prospective, en effet, ne se contente pas de regarder vers l'avenir et même de le prévoir. Elle s'emploie surtout à préparer un avenir fait pour l'homme. Elle se distingue ainsi de la simple prévision ou de la projection. Plutôt, ce qu'elle tâche de prévoir et de projeter en avant, c'est notre liberté individuelle et collective actuelle. Elle ne joue nullement au prophète :

> Ce que veut la prospective, ce n'est pas deviner l'avenir probable, mais préparer l'avenir souhaitable et tenter même d'aller plus loin : rendre probable l'avenir souhaitable [11].

A cette fin, elle met en comparaison plusieurs agencements possibles et essaie de dégager celui qui pourrait le mieux assurer, non seulement la survie de l'homme, mais encore son épanouissement. Sa méthode n'emprunte rien à la divination ou à la sorcellerie. Elle passe au crible les statistiques et les lignes d'évolution des époques précédentes et déroule les divers scénarios qui peuvent en découler, les uns probables, les autres possibles. La plupart, non livrés à la fatalité mais laissés à la libre décision de l'homme.

Fondée sur la statistique et le calcul des probabilités, la prospective, on le comprend, s'est d'abord appliquée aux réalités démographiques et économiques qui sont le plus facilement mensurables et prévisibles. Et la plupart

---

10. *GS* 5, 2.
11. Birou, A., *Vocabulaire pratique des sciences sociales*, Editions Ouvrières, Paris, 1966, p. 227.

du temps, c'est encore à ce niveau qu'elle se développe de préférence.

Mais peu à peu, elle déborde ces secteurs purement quantitatifs et s'intéresse à l'avenir de l'homme en tant que tel, avec tous ses éléments qualitatifs. Si la prospective devait s'attacher aux *choses* de demain plus qu'à *l'homme* de demain ; si, sur la foi d'une machine électronique, elle se contentait de bâtir les futurs systèmes de l'économie, du transport, de l'urbanisme, la prospective risquerait de tomber à faux, plaçant, au cœur de tous ces systèmes, des gens qu'elle suppose semblables à nous et qui, sans doute, ne le seront pas :

> Par erreur plutôt qu'à dessein, la plupart des futuristes supposent que la nature humaine résistera fermement. Ils ignorent que les changements technologiques ont toujours frappé l'homme en plein cœur, transformant les gens autant que les choses [12].

On peut assez facilement prospecter sur les villes-galaxies de l'An 2000, sur l'urbanisme spatial ou souterrain de cette époque future, sur les problèmes dès lors vraisemblablement résolus de l'insonorisation et de la climatisation. Mais peut-on prospecter sur l'*homme* qui habitera ces espaces climatisés et insonorisés ? Que sera l'homme, que sera la femme de l'An 2000 ? Telle est sans doute la question qui comporte le plus d'imprévisibles et nous ménage le plus de surprises. La prospective ne saura jamais nous dire si la révolution ou la technique, même conjuguées, pourront ou non renouveler la condition humaine. On peut toujours en garder l'espoir, mais un tel espoir ne relève plus de la prospective. Il relève de cette vieille sagesse hellénique pour qui l'inespéré restait toujours *inexprimable* et *inaccessible* [13]

N'attendons pas, de la prospective, une promesse

---

12. McLuhan, M., *Mutations 1990*, Coll. *Aujourd'hui*, Mame, 1969, p. 11.
13. *Qui n'espère pas n'atteindra pas l'inespéré qui est inexprimable et inaccessible*, Héraclite, Fragment 18.

qu'elle n'a jamais faite. Elle reconnaît que notre rayon visuel de l'avenir, surtout en ce qui concerne l'homme, diminue au lieu d'augmenter, à mesure que l'Histoire s'accélère. L'homme s'aperçoit de moins en moins loin dans l'avenir à mesure qu'il se voit de plus en plus loin dans le passé. Tourné vers le passé, son regard déploie une acuité grandissante. Il a dépassé le recours aux documents historiques, et grâce aux méthodes de la Préhistoire, par l'étude de l'outillage de générations disparues, il a su reconstituer un monde six fois millénaire. Poussant encore plus loin ses investigations, et grâce à la technique de la radioactivité, il peut maintenant mesurer le temps en termes de milliards d'années, comme il mesure l'espace en termes de milliards d'années-lumière. Mais quand il regarde vers l'avenir, sa myopie grandit dans la même mesure. A tel point que certains experts jugent téméraire une prévision au-delà de dix ans.

La méthode prospective elle-même se heurte à ses propres limites et commande une telle prudence. Retraçant en effet la courbe évolutive de l'humanité, elle ne peut imaginer une limite à la croissance accélérée de l'Histoire. D'autre part, l'idée d'une accélération indéfinie déconcerte tout autant l'imagination. D'autant plus que la courbe d'évolution globale suggère ce paradoxe d'une croissance *indéfinie* en un temps *fini* [14].

L'imagination et le sens commun répugnent évidemment à admettre, pour une époque assez rapprochée, une population *infinie* qui voyagerait à des vitesses *infinies*.

La seule conclusion raisonnable que la science prospective peut en tirer est que, rapidement, sa méthode atteint un seuil au-delà duquel toutes les extrapolations

---

14. Cette courbe d'évolution, en effet, ne correspond pas exactement à la courbe exponentielle, à taux de croissance constant. Elle ne présente pas, par conséquent, une branche parabolique, mais une asymptote qui tend vers une verticale qui se situerait vers la fin du 21e siècle. *Voir* Meyer, F., *Teilhard et les grands dérivés du monde vivant*, Editions Universitaires, no 8.

cessent d'avoir un sens. Elle ne fournira jamais de bases scientifiques à quelque pessimisme ou quelque optimisme que ce soit.

Les futurologues se contenteront de dire :

> Tout est possible. Ce qu'on peut imaginer aujourd'hui, on pourra peut-être le réaliser demain.

Il faut le rappeler pour ramener la prospective à ses justes dimensions. Celle-ci, pourtant, garde tous ses droits et ses titres : non seulement une certaine science de l'avenir est possible, mais elle est en pleine voie de formation. Elle ne s'apparente nullement à la science-fiction : ce qu'elle « imagine », face à l'An 2000, part toujours de données concrètes, de tendances à court ou à long terme et que souvent l'action des hommes peut infléchir pour le meilleur ou pour le pire.

Elle aura accompli une tâche noble et utile si déjà elle parvient à définir l'équilibre vers lequel se dirige le monde de l'An 2000, signalant par le fait même le déséquilibre qui le menace. Sans atteindre jamais la certitude d'une science mathématique, ses prévisions dépassent le domaine de la simple conjecture. Même dépourvues de certitudes, ces prévisions auront toujours une utilité certaine : inciter les hommes d'aujourd'hui à envisager leurs actions d'aujourd'hui à la lumière d'une pluralité d'avenirs possibles.

L'esprit prospectif constitue le premier système de défense devant le vertige de l'Histoire :

> Il s'agit d'un inéluctable changement de mentalité pour quiconque veut d'abord survivre, puis s'épanouir dans le monde qui s'annonce [15].

---

15. Jeannière, A., *Attitude et tâche prospectives*, dans *Espace mobile et Temps incertains*, p. 132.

# 4

# Une nouvelle conscience historique

> *Nous ne pouvons pas connaître l'histoire puisqu'elle n'est pas encore faite.*
>
> (Marrou)

L'homme d'aujourd'hui ne peut plus entrer dans l'avenir à reculons. L'espace et le temps se dressent devant lui dans une nouveauté telle qu'il en chercherait vainement dans le passé, un modèle exact, un double capable de diriger son action dans le futur. Le passé peut encore lui fournir des leçons, sans doute, mais il ne peut plus lui servir de règle. Bref, l'avenir n'a pas d'image et il appartient à l'homme d'aujourd'hui de lui en donner une.

On ne peut plus aller vers l'avenir à reculons, et de plus en plus on s'en rend compte. Ce sentiment, plus ou moins diffus, nous l'appellerons : une nouvelle conscience historique dont nous essayerons ici de dégager le contenu.

## 1. *La contestation systématique*

Un esprit de contestation systématique secoue le monde politique, social, religieux. Nous n'hésiterions pas à rattacher ce phénomène à une nouvelle conscience historique dont il marque l'éveil. Plus qu'une maladie, il exprime la vieille dialectique entre tradition et liberté, mais poussée jusqu'au seuil de la rupture. On ne veut plus voir, dans le passé, un maître. Ce maître n'a plus rien à nous apprendre. Toutes les valeurs anciennes, du fait seul qu'elles sont anciennes, sont frappées de suspicion. Dans nombre de pays, il existe aujourd'hui une contre-culture [1], une contre-société, une contre-Eglise. Tout cela exprime le malaise, souvent fondé, qu'on peut ressentir à entrer dans l'avenir avec les loques du passé.

Nous pensons ici aux jeunes, garçons et filles, qui, le samedi, en Californie, se promènent nus dans la forêt, en chantant et en jouant de la guitare. Ils symbolisent un peu le mouvement contestataire : ils préfèrent entrer tout nus dans l'avenir plutôt que de porter les vêtements du passé. Quitte à n'y trouver aucune route, aucune lumière.

L'esprit contestataire représente le premier symptôme d'une nouvelle conscience historique qui s'éveille. S'il devait s'arrêter là, l'avenir ne signifierait plus pour lui qu'une forêt. Le strip-tease, qu'il soit corporel ou idéologique, ne bâtira jamais un avenir. Ni le son d'une guitare.

Mais si l'esprit contestataire ne s'arrête pas là, s'il veut aller jusqu'au bout de ses aspirations, pénétrer jusqu'aux zones profondes de sa conscience, il se verra affronté à une nouvelle et écrasante liberté.

## 2. *Une nouvelle et écrasante liberté*

Nous portons tous en nous une image de la liberté qui paraissait incontestable, et que l'on conteste aujourd'hui à bon droit. Une image héritée d'une époque révolue, et qui présentait deux traits majeurs.

Elle consistait d'abord à jouer, le plus gaiement ou le plus stoïquement possible, les jeux du hasard ou de la Providence. Les zones de responsabilité sont toujours à la mesure des zones d'influence. Au temps où celles-ci étaient fort restreintes, les premières l'étaient également. Ce n'est pas d'aujourd'hui que l'on boit des eaux polluées ; mais aussi longtemps que n'existaient pas de moyens anti-pollution, aussi longtemps surtout que la

---

1. Le mot est de Theodore Roszak, *The making of a counterculture*, 1969.

détérioration de l'environnement n'avait pas mis en cause
la survie même de l'espèce humaine, ce problème ne concernait guère la liberté. Aujourd'hui il la concerne. De
même que la concerne l'environnement politique, social
et économique :

> ... la conviction grandit que le genre humain peut et
> doit non seulement renforcer sans cesse sa maîtrise sur
> la création, mais qu'il peut et doit en outre instituer un
> ordre politique, social et économique, qui soit plus au
> service de l'homme [2].

En élargissant le cercle de ses possibilités, l'homme a
également élargi celui de ses responsabilités. Une nouvelle liberté est née.

Nouvelle, cette liberté l'est à un autre titre. Elle ne
peut plus se confiner à un horizon purement individuel
et individualiste, comme à l'époque libérale. On pouvait
alors entretenir le sentiment, l'illusion que la liberté individuelle se suffisait : on n'avait qu'une entreprise, qu'une
âme à sauver. L'existence s'organisait souvent selon un
modèle personnel, sur la base d'intérêts personnels, d'une
compétence et d'une information personnelles. Cette liberté, propre à une époque où la vie économique et sociale
était livrée à une sorte de fatalité, ne suffit plus à l'homme d'aujourd'hui :

> L'homme se veut collectivement sujet actif de son
> destin [3].

Dans une société prospective, les choix ne peuvent être
autres que collectifs, et par conséquent ne sauraient plus
être dictés d'en haut, imposés à la base ; ils doivent s'ap-
puyer sur la liberté de chacun.

Or, cette nouvelle liberté pose à la conscience de tout
homme, aujourd'hui, des questions très graves. Nous
aimerions en souligner deux en particulier :

---

2. Vatican II, *GS* 9, 1.
3. Cité par Paul Ricœur, dans *L'Eglise vers l'avenir*, Cerf, 1969,
   p. 132.

Premièrement : Puisque l'homme d'aujourd'hui *se veut collectivement sujet actif de son destin*, chacun, individuellement, doit avoir la possibilité d'y participer. Le sort du monde ne peut plus se jouer dans le seul secret des chancelleries d'Etat ou d'Eglise, dans une sorte de clandestinité. Les foyers de discussions et de décisions sont appelés à s'établir en pleine place publique. Aussi longtemps qu'il n'en sera pas ainsi, les structures de toute société, civile ou religieuse, connaîtront les craquements qu'elles connaissent présentement. La question qui se pose alors est celle-ci : Comment assurer cette participation ? Point ne suffit de la reconnaître en principe : elle doit avoir la possibilité de s'exprimer dans les faits, de sorte que la liberté de chacun puisse s'élever au niveau des choix collectifs.

Deuxièmement : Cette première question en soulève une autre non moins grave. La question même de Bernanos, mais qui prend cette fois une tout autre pesanteur : Cette liberté nouvelle, *pourquoi faire* ? S'il est déjà difficile de décider pour soi-même, que dire quand il s'agit de décider pour tous ? Les enjeux et les options, laissés à la décision d'une collectivité mal éclairée, conduiraient vite à la catastrophe. De quel monde rêve la collectivité pour l'An 2000 ? D'une simple amélioration des conditions économiques, rendue possible par les techniques de prévision et de production ? D'une société de consommation et de loisirs, ou bien de création et de solidarité ? Seul l'homme qui aura pesé ces questions au niveau de sa conscience personnelle, avec toutes leurs implications, s'élèvera dûment et utilement au niveau des choix collectifs.

Or, il constatera très vite que toutes ces questions ont un retentissement éthique : Quel homme voulons-nous ? Quel homme faisons-nous ? La recherche de l'avenir par l'homme devrait normalement le conduire à la recherche de sa propre humanité.

Cette nouvelle liberté pèse d'autant plus lourdement sur ses épaules qu'il a de plus en plus le sentiment que le choix qu'il fera revêt une importance peut-être décisive ; il s'agit peut-être d'apprendre à vivre ensemble ou à mourir ensemble. La nouvelle conscience historique de l'homme d'aujourd'hui coïncide avec une nouvelle conscience de la mort, élevée non seulement au plan individuel mais au plan collectif : la mort de l'homme, la mort de l'Histoire. Et cela, non d'une façon mythique ou prophétique, mais réaliste et concrète.

3. *Fragilité de notre histoire d'homme*

L'homme de la rue se pose la question : Où allons-nous ? Et il attend la réponse de l'homme de science. L'homme de science lui répond en déployant devant lui l'immense éventail de ses possibilités, et par conséquent de ses responsabilités. Puis il ferme ses bouquins et ses laboratoires ; comme l'homme de la rue, il se croise les bras et il attend l'avenir. Il sait très bien qu'il n'a pas répondu à la question, parce que la question n'a pas de réponse.

Pendant des millénaires et à venir jusqu'à ces dernières années, on pouvait toujours dire : *Nous allons vers un plus grand progrès scientifique, qui permettra l'accès à un niveau de vie supérieur : des biens de consommation mis à la portée de tous les individus et de tous les peuples, etc.*

A la conscience de l'homme d'aujourd'hui, un tel langage est du charabia. Quand il demande : *Où allons-nous?* il reste coi lorsqu'un informaticien lui apprend que, pour sa nouvelle voiture familiale, il a maintenant le choix entre vingt-cinq millions de versions différentes et qu'avant longtemps, quand l'électronique aura automatisé toute la production, il pourra avoir une voiture ou un appartement sur mesure aussi facilement qu'un vêtement.

Pendant toute la durée précédente de son Histoire, l'homme a pu croire que tous les malheurs venaient d'une économie déficiente, d'une information incomplète ou erronée sur les moyens de production, sur les phénomènes de la nature. L'Histoire trouvait là une certaine consistance, une base où asseoir ses fragiles assises. L'époque où on écrivait progrès avec une majuscule ; on le voyait poindre à l'horizon comme *l'évolution de l'humanité vers un terme idéal. Demain la Vie commence,* titrait encore un célèbre film récemment.

Tous ces espoirs se sont évanouis et l'homme d'aujourd'hui a perdu toute candeur historique. La religion du Progrès ne compte plus guère d'adeptes :

> ... ce serait une grave illusion de juger notre temps seulement en termes de rationalité croissante ; il faut aussi le juger en termes d'absurdité croissante [4].

On sait maintenant comment s'organise et s'enlise une société de consommation. Une valeur se dévalue dès le moment qu'elle est acquise ; un désir comblé en suscite un autre. Bientôt se profile la malédiction du désir sans fin que Hegel appelait *le mauvais infini.* Jusqu'au jour où on s'aperçoit qu'on habite un *monde vide* avec un *cœur plein.*

En fait, la technique a développé en nous une merveilleuse intelligence des *moyens,* mais en même temps et dans une égale mesure, elle a obnubilé celle des *buts.* On ne s'étonne pas que le progrès de la rationalisation puisse entraver celui de la raison, que l'avancement de la technique marque un recul du sens. Aux yeux de la jeune génération surtout, la carence de signification est aussi grave, sinon plus grave encore que la carence de justice ou d'amour. Tout risque de leur apparaître insignifiant : le travail, le loisir, la sexualité, la politique ; et particulièrement tous les grands projets simplement technocratiques.

L'homme d'aujourd'hui en arrive ainsi à ce constat un peu affligeant : plus on se montre intelligent à faire des

---

4. Ricœur, P., *L'Eglise vers l'avenir*, Cerf, 1969, p. 139.

découvertes, moins on l'est à les utiliser. A la question : *Où allons-nous ?* il attend toujours une réponse. Et il l'attendra toujours. Il ne sait pas où il va. Depuis que, pour une large part, l'avenir est livré à la liberté de l'homme, il n'a jamais été aussi imprévisible. La fragilité de son histoire reflète bien la fragilité de sa liberté.

## 4. *La fin des temps*

Il ne sait pas, il ne saura jamais où il va. Il sait seulement qu'il y va très vite. L'interrogation de l'homme d'aujourd'hui se porte de plus en plus sur ce fait paradoxal : au moment où toutes les barrières semblent céder à son aptitude à comprendre et à conquérir le monde, une autre barrière s'élève et se rapproche de plus en plus : la barrière de l'avenir.

Même si on ose à peine le dire et se l'avouer, l'horizon de l'avenir se rétrécit devant l'allure vertigineuse de l'Histoire :

> Sous-jacents à tous sortes de tensions et de peurs particulières, ne serait-ce pas... le sentiment et le pressentiment de ce « mur en avant » qui paradoxalement... assombrit et durcit notre génération [5] ?

Il croyait pourtant dans l'avenir de l'homme, celui qui a porté ce diagnostic. Il y croyait, mais ne croyait pas en ceux qui, face à l'avenir, cherchaient un refuge dans l'indéfini du Temps. Non seulement parce qu'une telle attitude ressemble à un alibi, à une échappatoire, mais surtout parce qu'elle semblait lui répugner scientifiquement. Dans l'immense processus de l'Evolution, les biologistes remarquent que chaque espèce vivante a ses jours bien comptés. On arrive même à évaluer, en millions d'années, la vie moyenne d'une espèce. Le fait est là et il rallie l'opinion des biologistes, même si ceux-ci

---

5. Chardin, Teilhard de, *L'Avenir de l'Homme, Oeuvres,* Editions du Seuil, vol. 5, p. 391.

ne tombent pas tous d'accord pour l'expliquer. Une forme vivante surgit, se développe. Puis, au bout de quelques millénaires, ne parvient plus à se mettre au rythme de la vie qui monte autour d'elle : elle diverge et finit par s'évanouir. On ne relève la trace d'aucune espèce vivante qui irait en s'étalant indéfiniment dans le temps. L'espèce humaine, intégrée non seulement à l'histoire de l'Evolution, mais aussi à ses lois, ne saurait faire exception, pense Teilhard de Chardin. Sauf que, douée de conscience, à l'encontre de toute autre forme vivante, l'espèce humaine converge au lieu de diverger. Il n'explique pas autrement le mouvement de socialisation qui s'affirme dans tous les pays du monde : cette conscience planétaire qui se développe. Ce serait l'espèce humaine qui veut regrouper toutes ses énergies vitales en vue de l'échéance finale : la conscience de l'homme qui se concentre sur elle-même, non pas en vue de son extinction prochaine, mais d'une nouvelle percée, cette fois en dehors du Temps et de l'Espace. Telle serait, selon le savant jésuite, la fin des temps. Des vues qui peuvent s'apparenter à des visions, et personne n'est tenu de les partager. On ne peut s'empêcher de noter, pourtant, qu'elles s'harmonisent très bien avec le mouvement accéléré de l'Histoire : mouvement qui, d'une part, ne peut plus se ralentir, et d'autre part, ne peut s'accélérer indéfiniment.

Quoi qu'il en soit, il faut reconnaître que, depuis une ou deux décennies, la conscience de l'homme, face à cette question de la fin des temps, a évolué. Jusqu'à maintenant, on la voyait surtout en fonction de facteurs externes : rencontre d'une planète, refroidissement du système solaire, etc. ; une fantaisie quelconque des mécanismes cosmiques. Autant d'éventualités possibles mais toujours lointaines. Aujourd'hui, on la voit plutôt en fonction de facteurs internes, humains. Ces facteurs, plus proches de nous, nous les connaissons mieux que les autres, et nous les redoutons davantage. Pour la première fois, l'homme prend conscience que la fin du monde dépend du bon plaisir des hommes, de quelques hommes. Nous sommes décidément moins concernés, aujourd'hui, par la somme d'énergies que le Soleil tient en réserve, malgré les quatre millions de tonnes dont il s'épuise à chaque seconde, que par la somme de sagesse et de bonne volonté dont l'homme de demain aura besoin. Il lui faudra corriger l'image que sa trace a laissée dans le passé, qu'elle laisse encore dans le présent et qui suggérait à un philosophe cette parole désabusée : *La bêtise est la seule chose humaine pouvant donner une idée de l'infini.*

# 5

# Et les chrétiens aussi...

*Tout est à vous...*, soit le présent, soit l'avenir. (*I Co* 3, 21)

Tous au bord de l'avenir !... Les hommes de tous les pays, de toute race. Ceux aussi, ceux surtout, qui, de quelque pays qu'ils soient, se réclament d'une même race. La race de ceux qui cherchent le visage de Dieu et qui ont l'assurance de le trouver dans et par l'avenir.

Les chrétiens aussi appartiennent à l'avenir. Mais ils lui appartiennent à un titre spécial, et surtout ils lui appartiennent d'une façon spéciale. Hommes comme les autres, ils n'en savent pas plus que les autres sur l'avenir. Face à l'An 2000, ils savent, comme tous les autres, espérer et trembler. Avec tous les autres, ils se tiennent au bord de l'avenir.

Mais les impératifs de leur foi s'ajoutent ici aux impératifs de leur conscience d'homme. Ils comprennent, ils doivent comprendre, aujourd'hui surtout, qu'il existe une prospective chrétienne qui peut et qui doit se conjuguer avec la prospective humaine, sans pourtant se dissoudre en elle.

## 1. *Il existe une prospective chrétienne*

Il existe une prospective chrétienne. Bien plus : on peut affirmer que le regard de la foi est avant tout prospectif. Substantiellement, il se porte en avant, vers *les choses qu'on espère*. Sans doute, il embrasse tout l'horizon du temps. Il suit le Christ dans sa longue trajectoire à travers le temps : le Christ d'hier, Celui d'aujourd'hui et Celui de demain. Il croit dans le passé et dans le présent. Mais il croit surtout dans l'avenir.

C'était vrai déjà pour le croyant de l'Ancien Testament. Ainsi à Abraham, le père des croyants, la consigne fut donnée de se lancer vers l'avenir :

> Quitte ton pays, ta parenté et la maison de ton père, pour le pays que je t'indiquerai[1].

*Pays, parenté, maison* : c'est tout le passé auquel il faut s'arracher ; c'est tout le présent qu'il faut dépasser. *Le pays que je t'indiquerai* : c'est vers l'avenir qu'il faut maintenant se tourner, et un avenir dont les inconnues et les risques sont les seules évidences. Abraham, le père des croyants, notre père à tous, devait abandonner ses rêves à lui pour partager celui de Dieu. Jouer toute la carte de sa vie sur la Parole d'un Dieu dont jusque-là il n'avait jamais entendu la voix, dont il ne connaissait même pas le nom.

Et il partit *sans savoir où il allait*[2]... Il ne le sut jamais et pourtant jamais il ne cessa de marcher. Follement et héroïquement, cet homme court après un rêve qui sans cesse lui échappe. Son rêve commence-t-il parfois à s'ébaucher dans la réalité, aussitôt, semble-t-il, Dieu s'emploie à le démolir : il devra consentir à immoler son fils unique, le gage de la Promesse. Le sacrifice consenti d'Isaac marquait le naufrage de toute espérance humaine et le triomphe de tous les scepticismes. Cet homme aura appris qu'il ne lui sera jamais donné de s'installer quelque part. On lui demandait non de savoir où il allait, mais d'y aller. De temps en temps, néanmoins, *un sourire de Dieu*[3] illuminait cette existence bouleversée. Et quand, *rassasié de jours*, ce vieillard mourra, quelque chose exultait en lui. Il mourra meurtri mais non aigri.

---

1. *Gn* 12, 1.
2. *He* 11, 8.
3. Telle est la traduction littérale du nom « Isaac », *Gn* 21, 6.

A partir d'Abraham, en passant par Moïse, la tradition judéo-chrétienne s'affirme et se développe : toute la foi d'Israël se tend vers l'avenir et les transformations radicales qui amèneront l'instauration du Royaume messianique. Cette foi non seulement s'accommode des mutations sociales, mais elle les exige, les commande [4]. Le peuple d'Israël ne cessera plus d'attendre

> ce qui est décisif pour lui d'un acte futur de Dieu [5].

Croire, pour lui, ce n'est pas tant se préoccuper des évidences ou des obscurités du présent, mais à travers toutes ces apparences, et au-delà, tendre vers un avenir dont le Dieu de ses Pères a été et reste le seul garant.

Au lendemain de l'Exil, alors que ce peuple était *comme en rêve* devant les merveilles qu'avait opérées pour lui Yahvé, il se voit prévenu contre la tentation de s'installer dans la contemplation du passé ou le confort du présent :

> Ne vous souvenez plus d'autrefois, ne songez plus aux choses passées. Voici que je vais faire du nouveau qui déjà paraît. Ne l'apercevez-vous pas [6] ?

Le croyant de l'Ancien Testament doit appartenir à l'avenir. Le passé et le présent restent, à ses yeux, comme des points de référence, des tremplins pour le relancer vers ce qui vient, en avant ; sa foi : une lecture de l'avenir à travers les signes du présent et sur la caution du passé. Il refuse de reconnaître, dans un ordre quelconque, dans une quelconque situation sociale, l'objet de son attente. Il doit vivre dans le provisoire, non s'y fixer, et la fidélité, au sens biblique, commande, postule la dispo-

---

4. Il est remarquable que, dans l'Ancien Testament, Yahvé se manifeste de préférence dans un climat social et politique perturbé : l'Exode, la Conquête d'Israël, l'Exil, le Schisme...

5. Von Rad, G., *Théologie de l'Ancien Testament*, Labor et Fides, Genève, 1965, t. 2, p. 104.

6. *Is* 43, 1, 16-20.

sition à changer Les changements imprévus et même déroutants ne peuvent dérouter sa foi.

Que de fois, le peuple d'Israël a cédé à cette tentation ! Devant un avenir qui paraissait se fermer pour lui, il concluait : *Notre espérance est détruite* [7]. Un prophète se levait alors pour lui répondre : Non, elle n'est qu'*enfouie*.

Les prophètes ont toujours été les *futurologues* de l'Histoire du salut. Mais quels futurologues ! Semblables et si différents des autres, ceux que nous connaissons aujourd'hui. Semblables, car ils tâchaient de mettre l'événement actuel dans le prolongement de l'avenir. Hommes de l'avenir parce qu'ils étaient ceux du présent. Ils connaissaient l'actualité, ils portaient sur elle un jugement critique et de cette analyse, ils savaient extraire les lignes de force de l'avenir. A ce point de vue, ils se comparent à nos futurologues actuels. Mais à un autre point de vue, ils en diffèrent radicalement : leur prospective ne se fonde nullement sur une technique humaine, si noble soit-elle ; elle se fonde uniquement sur la Parole de Dieu, mais la Parole de Dieu entendue avec tout son coefficient existentiel. Non pas seulement, non pas surtout un assemblage de mots, ou une savante synthèse de vérités éternelles, mais avant tout la Parole de Dieu entendue comme Evénement. Même si cette Parole s'exprime par des mots, elle renvoie toujours à une réalité, à quelque chose qui se passe autour d'eux et qu'ils savent traduire en fonction du dessein de Dieu, toujours présent dans l'Histoire.

Le prophète de la Bible, à la différence de tout autre, se tient toujours dans le sillage de l'Histoire :

> ...pour la première fois au monde, une authentique conscience historique s'est éveillée et a fait sentir ses effets [8].

---

7. *Ex* 37, 11.
8. Fuglister, N., Prophète, dans l'*Encyclopédie de la Foi*, Editions du Cerf, 1966, t. 3, p. 512.

Toujours à travers cette trame embrouillée, le prophète discernera un fil qui doit en garantir le redressement. Il arrivera que des hommes voudront débrouiller cette trame à leur façon, au gré de leurs calculs intéressés, de leur orgueil, et on entendra un prophète s'apitoyer sur son peuple que gouvernent des *jouvenceaux et des gamins* [9]. Mais jamais Yahvé ne permettra que l'aveuglement général gagne les hommes. Il y aura toujours quelques *marginaux*, une poignée de croyants, *un reste* grâce auquel l'Histoire pourra reprendre son cours :

> C'est ainsi que l'Histoire est conçue comme une innovation perpétuelle, une activité sans cesse créatrice, l'histoire d'un monde en genèse [10].

Avec l'apparition du Christ, la prospective chrétienne allait franchir une décisive étape. La Parole, le Verbe en se faisant chair et en habitant parmi nous, a fait surgir, dans l'Histoire, l'Evénement par execellence, celui qu'aucun autre ne pourra jamais éclipser. Que signifient, au point de vue de la prospective chrétienne, l'Incarnation et la Résurrection du Christ ? Ces deux mystères, ces deux événements-mystères signifient d'abord que l'homme et son histoire méritent d'être pris au sérieux. Ils signifient ensuite que tous les âges passés et *futurs* disposent, désormais, d'un point de référence, d'un point de repère. Sans eux, dira saint Augustin, *les époques auraient couru en vain* [11]. En eux, désormais, les époques trouvent et une direction et une source de dynamisme vital capable de les mener à leur terme. Il importe peu, désormais, que les époques courent et qu'elles courent plus vite : nous savons qu'elles ne courent pas en vain. Il importe peu même qu'elles courent à travers *les terreurs* et *les espoirs* : c'est l'histoire d'un monde en genèse.

Pour un chrétien, le Christ est l'homme de l'avenir. De ses mains d'artisan, sans l'aide de la cybernétique, il

---

9. *Is* 3, 4.
10. Auzou, G., *La parole de Dieu*, Editions de l'Orante, 1959, p. 210.
11. Augustin, saint, *Oeuvres*, Tr. IX, *in Joan*, PL 35, 1461.

a construit, au bénéfice de l'humanité, un chef-d'œuvre qui surclasse tous les autres : il lui a bâti un avenir. Pour un chrétien, croire dans le Christ, c'est croire dans l'avenir et douter de l'avenir, c'est tomber dans l'infidélité, au sens biblique du mot.

Une vision de l'avenir se rattache à l'objet même de notre foi, en dépit d'apparences aussi humainement décevantes qu'ont pu l'être celles de cet humble ouvrier de Nazareth.

Au-delà de ses déterminations, disons de ses projections, positives ou négatives, le temps a acquis, avec l'événement du Christ, une dimension nouvelle, une ouverture sur l'avenir qui autorise à parler d'une prospective chrétienne. Même ce monde présent lancé dans une vertigineuse course, même le monde de l'An 2000 que nous voyons approcher avec une certaine angoisse, tombe sous le regard de la foi et porte cette *garantie des choses à venir* :

> Par la foi, nous comprenons que les mondes ont été formés par une parole de Dieu, de sorte que ce que l'on voit provient de ce qui n'est pas apparent [12].

## 2. *Prospective humaine et prospective chrétienne*

Périodiquement, l'Eglise se voit dans l'obligation de réajuster sa vision de l'avenir, que le paysage mouvant de l'Histoire menace sans cesse de déformer. Tout l'effort du Concile Vatican II pourrait se résumer à partir de là. Il a voulu jeter les bases d'une inédite prospective chrétienne ; inciter les chrétiens d'aujourd'hui à lancer l'Eglise sur les voies de l'avenir, à se considérer, en plus de témoins de l'Histoire, comme des ouvriers d'avant-garde. Grand Ouvrier de l'Histoire, Celui par qui Dieu *a fait les siècles* [13], premier-né d'une création qui n'a pas

---

12. *He* 11, 3.
13. *He* 1, 2-3.

fini de se faire, venu, dès l'origine, modeler le monde, et revenu, dans sa chair, le remodeler d'une façon plus admirable encore, le Christ a confié à son Eglise la responsabilité de l'Histoire. L'oubli de cette vérité, dira le Concile,

> est à compter parmi les plus graves erreurs de notre temps [14].

Il explique, pour une bonne part, que l'Eglise, aux regards de nombreux contemporains, apparaisse comme une maison désaffectée, sans intérêt. Que même le Christ, comme personne historique, n'intéresse plus les grands révolutionnaires modernes, alors même qu'ils admettent la sagesse de ses enseignements [15].

Dans cet absentéisme de l'Eglise aux points névralgiques de l'Histoire, le pasteur Cox, pour sa part, voit plus qu'une grave erreur : il voit le péché par excellence : une sorte de refus de s'engager pour améliorer le sort des humains, une trahison : *Man's Betrayal of his Manhood* [16].

Aussi réellement que le Christ a pris une chair humaine, l'Evangile passe par les questions des hommes, et la prospective chrétienne par la prospective humaine.

Elle y passe forcément, mais sans s'y identifier, sans s'y dissoudre. Le problème est là, et il est de taille. Le lien entre les deux, dira le Concile, est *mystérieux*. Il risque de n'être pas compris par ceux de l'extérieur. Mais il suffit qu'il le soit par ceux de l'intérieur. Ce lien est celui d'un amour inconditionné, radical, que le Christ porte aux hommes et à leurs problèmes, à leurs luttes, à leurs échecs d'hommes. C'est par conséquent d'une

---

14. *GS* 43, 1.
15. *Je dirai que je ne me suis jamais intéressé à un Jésus au sens historique du mot... Pour ce qui est du Sermon sur la montagne, il garderait encore toute sa vérité pour moi.* Gandhi, in *Les Théologiens de la Mort de Dieu*, par Ved Metha, Mame, 1969, p. 37.
16. Cox, H., *Revolution and Man's Responsibility*, Valley Forge, 1965, p. 37.

façon en quelque sorte inconditionnée et radicale que le
chrétien doit s'empresser, avec le monde, au-devant de
l'avenir, particulièrement dans son courageux et lucide
effort prospectif. Effort qui, au regard du chrétien, restera toujours relatif. Il n'y fondera jamais son espérance.
Il ne laissera pas les certitudes de sa foi flotter au gré
des prévisions des hommes. La prospective humaine
pourtant, malgré ses tâtonnements, ses risques d'erreurs,
malgré cette relativité dont elle sera toujours affectée,
garde au regard du croyant toute son importance. Et
même une importance accrue parce qu'il a conscience
que cet effort prospectif, quand il est animé par la
Charité, ne peut pas être vain. La figure de ce monde
passe ; la Charité et ses œuvres ne passent pas.

Quand, avec tous les hommes de bonne volonté, les
chrétiens d'aujourd'hui s'embarquent vers l'avenir, ils ne
le font pas en simples spectateurs amusés. Ils n'ont pas,
non plus, de compas ou de baguette magiques pour orienter la barque ou apaiser l'orage qui menace de la faire
sombrer. Comme tous les autres, ils peuvent faire de
fausses manœuvres ; comme tous les autres, il leur arrive d'avoir peur, de se serrer les uns les autres au fond de
la barque. Mais ils savent que leur Avenir est là, au coin
de cette barque. Il dort peut-être. Mais pourquoi le réveiller ? Il tient peut-être à son sommeil. Ce n'est pas la foi
qui a poussé les disciples à réveiller Jésus, mais la fai-
blesse de leur foi.

Deuxième Partie

# Le monde de l'An 2000

*Il y a plus de différence entre hier et demain que nous n'en connaissons entre le monde d'hier et l'homme de Néanderthal.*

(Louis Armand)

# Un monde remodelé

*La seconde moitié de ce siècle se passera à
répandre ce que la première moitié aura inventé.*

(Pierre de Latil)

Nous tâcherons d'abord de camper l'homme de l'An
2000 dans son univers physique. Il y a ici plus qu'un
réflexe de vaine curiosité. Si l'on pouvait, par anticipation, consulter les cartes géographiques, les tracts tou-
ristiques, les relevés topographiques de l'An 2000, il
nous serait plus aisé de nous représenter l'homme de
cette époque à venir. Il importe au moins de se rendre
compte que nos cartes actuelles, si l'on s'avisait de les
prendre pour guides, nous mettraient sur une fausse
piste :

> Suivre l'évolution de la carte du monde est, pour notre
> génération, plus important peut-être que pour aucune
> de celles qui l'ont précédée. Tandis que le rythme des
> changements s'accélère, le temps qui nous est laissé
> pour nous y adapter devient chaque jour plus court.
> Les conséquences désastreuses des erreurs de juge-
> ment que nous font commettre nos cartes périmées
> risquent de devenir irréparables [1].

Mais quand il s'agit de reviser ces cartes, de dresser une
esquisse de cet univers physique vers où l'on s'achemine,
les plus prudents n'osent presque rien écrire, tandis que
les autres osent écrire n'importe quoi. Ici, pourtant, plus
que dans tout autre domaine, on peut aller au-delà de
l'imaginaire.

---

1. Mende, Tibor, *Regards sur l'histoire de demain*, Ed. du
Seuil, Paris, p. 11.

## 1. *Au-delà de l'imaginaire*

A partir des seuls acquis de la technique actuelle, dans l'hypothèse donc que le génie inventif de l'homme ait déjà atteint la limite de ses possibilités, on peut arriver à se créer, pour un proche avenir, l'image d'un univers physique assez différent du nôtre. Le progrès à venir existe déjà : il existe dans la pensée, dans les livres ou dans les laboratoires des savants. Il suffit de le faire passer dans les faits et les prochaines décennies s'en chargeront :

> La seconde moitié de ce siècle se passera à répandre ce que la première moitié aura inventé [2].

C'est à partir de ce postulat qu'un vulgarisateur scientifique a pu tracer une image assez révolutionnaire du monde de demain, avec ses cités, ses maisons, ses moyens de transport, ses systèmes de télécommunication qui scelleront notre planète. *Est-ce bien ainsi que nous vivrons demain ?* se demande l'homme d'aujourd'hui. Bien avisé quiconque sait au moins se poser la question.

Sans préjuger des inventions à venir, on peut d'ores et déjà affirmer que toutes les inventions présentement acquises auront révolutionné notre univers physique le jour où on les aura fait passer dans les faits.

La première aventure des trente prochaines années sera sans conteste celle du remodelage de notre monde. Une époque qui marquera l'avènement d'un nouveau type de société dont le nom est déjà trouvé et qui se popularise de jour en jour : la société post-industrielle. Or, l'une des caractéristiques de ce type de société est son pouvoir de créer : autrement dit, d'aménager, de remodeler notre monde. Elle dispose déjà, à cet effet, d'un instrument qu'elle vient à peine de découvrir et dont les possibilités

---

2. Latil, Pierre de, *Ainsi vivrons-nous demain*, Le Centurion, 1958, p. 31.

« créatrices » ne cessent d'étonner : la cybernétique. La révolution industrielle avait fourni à l'homme des outils pour prolonger ou décupler son action. Mais ce n'était toujours là que des instruments dont l'homme commandait les mouvements à son gré. Abandonné à lui-même, l'instrument ne pouvait plus rien créer, sinon le désordre.

Mais voici qu'avec la cybernétique [3], on a découvert que les problèmes de communication et de contrôle répondent à des lois identiques, tant chez la machine que chez l'être vivant. En d'autres mots : une machine peut être informée et se gouverner un peu à la manière d'un vivant. On peut l'équiper de véritables petits « organes » qui lui permettent de capter des informations et de conduire un travail. Un instrument ? Oui, dans ce sens qu'il est toujours conçu et réalisé par l'homme. Mais un instrument qui ne fait plus seulement prolonger l'action de l'homme : il peut s'y substituer et souvent, avantageusement. Doté d'une « pensée » artificielle, il possède le pouvoir de créer de l'ordre ou du... désordre.

La cybernétique, disons que c'est l'homme qui délègue son pouvoir à une machine pour l'exécution d'une tâche qu'elle accomplit plus vite et souvent mieux que lui. On aurait tort, bien sûr, d'y voir une machine à organiser le monde. Le cerveau mécanique ignorera toujours ce qui, dans l'homme, échappe aux lois de l'électronique. Il ne saurait mettre de l'ordre dans le monde si l'homme n'en a pas dans sa tête. Il met pourtant, à sa disposition, un pouvoir créateur inouï dont les possibilités nous laisseraient rêveurs si elles n'étaient pas évoquées par de sérieux hommes de science :

> En l'An 2000, les calculateurs auront des chances d'égaler, d'imiter ou de surpasser certaines des facultés les

---

3. D'un mot grec, *kubernétes, gouvernant.* Ce mot, forgé par Wiener et son groupe, existait déjà dans Littré : *Nom donné par Ampère à la partie de la politique qui s'occupe des moyens de gouverner.*

plus spécifiquement humaines, y compris peut-être quelques-unes des facultés créatrices et esthétiques, en plus d'avoir des possibilités propres que les êtres humains n'auront pas [4].

A défaut d'autre mot, et au risque de heurter des susceptibilités, on parle de *pensée* ou d'*intelligence artificielle*. Le mot *mémoire artificielle* serait encore plus inadéquat. Car il s'agit beaucoup plus que d'une mémoire, si vaste qu'on voudra. Déjà, le cerveau artificiel joue aux échecs et il sait utiliser les informations qu'il a pu recueillir dans ses performances précédentes ; il améliore son jeu. Déjà il sait résoudre des problèmes d'algèbre en se référant à ses *notes,* en posant, à l'occasion, des questions pertinentes :

> A mesure en particulier que les calculateurs deviennent de plus en plus capables de se programmer eux-mêmes, ils vont tendre à retenir les leçons tirées de leurs expériences. Ainsi ils pourraient un jour élaborer des méthodes subtiles et des procédés compliqués qui défieront la compréhension de leur propre inventeur [5].

L'ordinateur a un passé très récent : en 1955, on n'en comptait que mille aux Etats-Unis. Ce nombre, aujourd'hui, pourrait être multiplié par cent et l'on prévoit qu'il deviendra un instrument d'usage courant au cours des prochaines décennies, et d'une utilisation aussi facile que celle d'un véhicule-moteur. Sa taille aura diminué de mille fois, et son coût, de deux cents fois. Parce qu'il est capable de procéder à la vitesse d'un milliard d'opérations par seconde, on pourra dialoguer avec ce prodigieux interlocuteur à la façon d'une conversation ordinaire. Et vraisemblablement, par le moyen d'une console installée dans chaque foyer bourgeois.

Cette révolution, déjà en cours, n'aura pas pour seuls effets d'ébranler profondément les lois de la vie économi-

---

4. Kahn, H., Weiner, A. J., *op. cit.*, p. 137.
5. *Id. Ibid.*, p. 138.

que, la vie sociale, les techniques d'éducation. Elle modifiera aussi la face de la terre :

> ... comme toute notre planète va entrer dans un environnement satellite d'information façonné par l'homme, nous ne pouvons plus nous permettre de considérer l'aire d'habitation de l'homme comme un élément donné par la nature. Nous devons dorénavant accepter le fait, et la responsabilité, que tout l'environnement de l'homme est une forme d'art [6].

L'ère de l'électronique, en effet, fournira à *l'homo artifex* une chance inédite de se révéler. Le champ d'action de l'ordinatrice s'élargit de jour en jour, et de plus en plus on y voit la pierre angulaire de la société technologique de demain. Pour ces cerveaux mécaniques, les problèmes proprement techniques, et en particulier ceux de l'espace et du temps, n'ont plus qu'une importance secondaire. C'est à eux que l'on confiera le soin de traiter les problèmes de la vie industrielle et de permettre à la machine d'éliminer une pléiade de métiers [7]. Déjà, ils ont obligé nombre d'ingénieurs à se recycler ou à grossir le monde des chômeurs. Il suffit aujourd'hui de transmettre des données justes à l'ordinatrice pour que celle-ci calcule et dessine un pont ou un barrage, remplaçant ainsi toute une équipe d'ingénieurs et de dessinateurs. Même les opérations bancaires se métamorphosent de jour en jour et le temps n'est pas éloigné où une ordinatrice centrale enregistrera toutes les transactions, à la place d'une armée de comptables, de fonctionnaires, de commis de bureau.

Des hôpitaux qui employaient une vingtaine de diététiciennes, n'en emploient plus qu'une seule et confient le

---

6. McLuhan, Marshall, *Mutations 1990*, Coll. Aujourd'hui, 1969, pp. 100-101.

7. C'est là une des conclusions du *Hudson Institute* dans son rapport publié en 1968, sur les caractéristiques d'ores et déjà mensurables de l'An 2000 : *L'ensemble de l'industrie devrait être commandé par la cybernétique.*

reste du travail à une ordinatrice dont la compétence éclipse nettement celle de ses rivales [8].

La métamorphose s'accomplit lentement sous nos yeux et on ne la remarque guère. Mais sûrement, elle ira jusqu'au bout de son chemin. Déjà le métier de bûcheron est en voie de disparaître, condamné qu'il est par une machine qui coupe, ébranche et tronçonne un arbre en quelques minutes. Bientôt le métier de constructeur connaîtra le même sort. La construction modulaire va tout révolutionner. L'édifice sera constitué de modules préfinis, isolés, électrifiés, et dont le montage sera confié à des grues spécialisées. L'industrie textile elle-même se voit menacée par l'envahissement des produits chimiques et synthétiques. Des couturiers ont déjà commencé à « penser papier » dans leurs prochaines créations, cependant que les architectes pensent « matières plastiques » : polyester, polysyrènes, plexiglas.

Supposé le jour, et il viendra certainement, où toutes ces techniques, simplifiées et perfectionnées, commanderont la vie industrielle, les anticipations les plus fantaisistes n'ont plus rien qui doive nous étonner.

Et il importe de souligner que nous sommes partis d'un postulat : à savoir que, aux techniques déjà existantes, d'autres, nouvelles celles-là, ne viendraient pas s'ajouter. Or, un tel postulat n'est pas seulement gratuit, il est plus qu'improbable. Les grands représentants de notre époque technologique ne l'admettraient certainement pas. Ainsi les auteurs de l'An 2000 ont dressé une liste de cent domaines où des innovations techniques très probables se produiront dans le dernier tiers du 20e siècle. Ils estiment qu'aucune de ces cent innovations ne représente une simple amélioration mineure de ce qui existe déjà, par exemple dans le domaine du transport, du bâtiment, du vêtement, de la médecine, etc. Chacune est suffisamment importante pour occasionner, à elle

---

8. Une récente expérience, aux Etats-Unis, a prouvé qu'une ordinatrice pouvait abaisser le coût des repas de $0.85 à $0.58.

seule, un changement significatif dans le remodelage de notre monde [9].

## 2. *Les forces sont débouchées*

Sans rien préjuger de son instinct divinatoire, il faut reconnaître que Hugo avait raison d'écrire, il y a plus de cent ans :

> Les forces ne sont pas encore débouchées. Quand l'homme aura débouché les forces, il sera stupéfait du résultat... Ce mot : changer la face du monde, ne sera plus une métaphore [10].

Changer la face du monde a cessé d'être une simple métaphore. Depuis que cette possibilité existe, il est normal que les utopistes se livrent, parfois démesurément, à leur jeu. Qu'ils le fassent n'est pas seulement normal mais souhaitable :

> Nous devons mettre sur pied des usines à utopies [11].

Les techniciens ne connaissent que la technique, et les technocrates, que la technocratie. Leur laisser, à eux seuls, la responsabilité de remodeler notre monde, c'est ignorer les richesses d'imagination créatrice qu'on peut découvrir chez l'architecte, chez l'artiste et même chez l'homme de la rue.

L'homme possède aujourd'hui tout le nécessaire pour aménager la création de manière à la rendre physiquement plus humaine ; non seulement plus belle, mais aussi plus digne de l'homme à qui elle a été confiée. Sa suprématie, dans ce domaine au moins, ne fait plus de doute. C'est même le seul domaine où, face à l'An 2000, tous les espoirs sont permis. Saura-t-il ne pas les décevoir et rendre à son Créateur cet hommage qu'Il attend de sa créature raisonnable ?

---

9. *Op. cit.*, pp. 92-93.
10. Hugo, Victor, 1853.
11. Toffler, A., *op. cit.*, p. 441.

A la veille de voir sa population urbaine tripler, passer d'un milliard qu'elle était en 1970, à trois milliards qu'elle sera en l'An 2000 [12], l'homme saura-t-il, en particulier, se créer un tissu urbain qui ne soit plus conçu à l'image d'une société moyenâgeuse ou même industrielle ? Des villes que personne n'avait jamais calculées, qui ont surgi, non comme des *formules,* mais comme *des faits* que l'on a subis passivement et qui sont devenus de plus en plus monstrueux à mesure que s'accélère le processus de la prolifération urbaine. Des villes construites par et pour les piétons et non par et pour des hommes motorisés. Des villes où le monde du travail, du loisir et de l'habitat se compénètrent dans un décor sordide et déshumanisant ; où l'on coudoie tant de gens et si pressés qu'on ne peut entrer en relation avec personne. Où, dit Gaston Berger, le cauchemar des souris a cédé la place à celui des contraventions et des formalités.

Laissons donc nos utopies, urbanistes ou pas, rêver, pour l'An 2000, de villes qui ressembleraient à d'immenses parcs, aux ronds-points rayonnants :

> En son cœur, un centre administratif. Alentour, à trois ou quatre kilomètres, une double, une triple, une quadruple couronne de centres résidentiels. Les centres industriels se disposent, eux, sur une ou deux couronnes extérieures, auxquelles viennent tangenter les voies ferrées et les canaux [13]...

---

12. Ces chiffres figurent dans un message adressé par le secrétaire général de l'ONU, M. Kurt Waldheim, à un congrès des maires des grandes villes du monde tenu récemment à Milan. Le message évoque les problèmes gigantesques que fait prévoir une telle concentration d'êtres humains.
13. De Latil, P., *Ainsi vivrons-nous demain,* Le Centurion, 1958, p. 37. Les auteurs de *l'An 2000* prévoient ainsi que la population urbaine des Etats-Unis se concentrera autour de trois *mégalopoles* dont les noms sont déjà trouvés : *Boswash,* qui s'étendra de Boston à Washington (quatre-vingts millions d'habitants) ; *Chipitts,* de Chicago à Pittsburg (quarante millions d'habitants) ; *Sansan,* de San Francisco à Santa Barbara (vingt millions d'habitants). Les monts Apalaches et leurs

Dans les centres résidentiels, on a déjà inventé la chaussée qui convient, à la place de la chaussée pleine actuelle qui n'est en somme qu'une version améliorée des anciennes voies romaines, et où, en plus des hommes et des voitures, circulent électricité, gaz, eaux usées, fils téléphoniques, air comprimé, vapeur d'eau, etc. Un architecte français a conçu l'idée de la *chaussée épidermique* : un caillebois d'acier établi sur de légères colonnes. La pluie, la neige, la poussière passent à travers cette chaussée qui reste, à l'année longue, dégagée et propre. Au-dessous court une galerie souterraine dans laquelle sont logées toutes les canalisations et les conduites diverses, ainsi que les appareils d'éclairage. Quant aux trottoirs roulants, aux automobiles non polluantes, aux autoroutes automatisées, aux chemins de fer à propulsion atomique, la société américaine McGramw Hill les annonce sans vergogne au nombre des réalisations-choc de la prochaine décennie [14].

Les utopistes sont ici peut-être plus près de la réalité que les réalistes. Alors même qu'ils nous parlent d'urbanisme spatial ou sous-terrain. Ou qu'ils envisagent d'écrêter les sommets des montagnes, de combler les vallées, de détourner le cours des fleuves, d'assécher les mers, de faire fondre les glaces du pôle. Bref,

> de donner à la terre l'aspect d'une belle boule uniforme, cimentée comme un autodrome et qui pourrait être hygiéniquement lavée à grande eau [15].

En ce qui concerne plus spécialement le Canada de l'An 2000, on a consulté, là-dessus, soixante-cinq chefs d'entreprises du Québec. Ce rapport n'a pas de préten-

---

contreforts (Maine, New Hampshire, Vermont...) pourraient fournir des zones de loisirs et des résidences secondaires, des lieux attrayants pour les organisations *post-industrielles* d'inspiration esthétique ou récréative. (*Op. cit.*, pp. 104-105).

14. Voir *La Presse*, Montréal, 6 novembre 1972, p. 9.
15. Ragon, M., *Où vivrons-nous demain ?* Laffont, 1963, p. 55.

tion strictement scientifique[16]. Il nous livre pourtant l'opinion de gens qui n'ont rien de commun avec l'amateur de science-fiction. Notons d'abord que le rapport auquel nous nous référons sous toute réserve, range le Canada de l'An 2000 au nombre des rares sociétés post-industrielles. Il rejoint en cela le rapport de l'*Hudson Institute* dont nous avons parlé plus haut et qui fait autorité. Il partagera ce privilège avec trois autres pays seulement : les Etats-Unis, le Japon et la Suède. Tous les autres pays du monde ou bien n'auront pas encore dépassé la phase industrielle ou bien ne l'auront pas même atteinte[17]. Ce qui, il faut le souligner en passant, jette une ombre tragique au tableau. Quand nous parlons d'un monde remodelé, il faut en exclure la grande majorité des humains que leur statut économique condamnera à vivre encore dans un monde peu changé ou peut-être inchangé...

A la question donc : *Que sera le Canada de l'An 2000*, les chefs de l'industrie canadienne ont émis l'opinion suivante :

*Transports* : Voyage Montréal-Tokyo en quarante-cinq minutes. Voyage autour du monde en quatre-vingts minutes. Véhicules programmés par ordinateurs. Camions sans roues, sans conducteur, glissant sur un coussin d'air dans une voie qui leur sera réservée en exclusivité. Autocars filant à haute vitesse sur monorail. Un million et demi d'auto-neige, propulsées par moteur réacté, glissant à une vitesse de trois cents milles à l'heure, avec banquettes chauffées, écran de télécommande, radio-téléphone. Notre pays continuera d'être l'hiver..., mais la neige, grâce à l'énergie, fondra dès que posée sur les routes et les grandes rues. Le Saint-Laurent, bien sûr, sera libéré

---

16. Desmarais, G., *Le Canada de l'An 2000*.
17. Selon cette étude prospective, la grande majorité des humains, y compris la Chine, l'Inde, presque toute l'Amérique du Sud, le monde arabe, l'Afrique noire, en seront encore au type de société pré-industrielle, donc avec un revenu moyen de cinquante à deux cents dollars par habitant.

de ses glaces à l'année longue et les navires de tout genre se rendront en Arctique.

*Habitation* : Tours orientées vers le soleil, l'air et la lumière, construites de modules préfinis, isolés, électrifiés, où la mère de famille disposera de panneaux de commande automatique qui lui permettront de surveiller, sur écran, ses enfants dans la piscine chauffée, de s'en remettre à de dociles robots de ses tâches domestiques. Conçu sur le style de l'Habitat '67, l'habitacle complet, avec tout son contenu, pourra se déplacer d'un centre résidentiel à un autre. Celui-ci formera une cité à l'intérieur de la cité. L'emploi du béton se généralisera. Il servira dans la construction de villes sur pilotis, à plusieurs milles au large des côtes, pour résoudre la carence de terrain.

Puériles, toutes ces images de notre monde remodelé ? Peut-être, mais, selon l'observation d'un sociologue :

> Il vaut mieux avoir une vue grossière de ce qui nous attend que pas de vue du tout [18].

---

18. Ogburn, W. F., *On Culture and Social Change*, University of Chicago Press, 1964, p. 304.

# 2

# Un monde qui s'amenuise

*Rien n'est aussi pathétique que le dévouement total et aveugle d'une fourmi à sa fourmilière. Mais rien ne nous paraît plus lamentable.*

(Teilhard de Chardin)

Il existe donc de grandes probabilités de voir, dans les prochaines décennies, un réaménagement, un remodelage étonnant de notre univers physique.

Mais par une sorte de fatalité, une sorte de loi que l'on retrouve inexorablement à tous les paliers de l'évolution, l'abondance de biens nouveaux semble devoir créer une pénurie de biens anciens.

Une fois résolu, dans une optique aussi optimiste que possible, le vieux problème de l'aménagement du monde, un nouveau problème surgit : celui d'un monde qui s'amenuise.

Les experts prévoient que la prochaine décennie restera, même dans les pays industrialisés, dominée par les problèmes économiques. Mais ils prévoient également qu'à partir de là, donc vers les années 1985, un autre problème prendra la priorité : celui de l'espace habitable.

La rareté de ce produit pourrait créer un bizarre paradoxe et une désagréable surprise au milieu de l'abondance de tous les autres. Au banquet des peuples nantis, il y aura un convive dont la présence imprévue pourrait ennuyer tous les invités : le rationnement de l'espace. Et cela, même dans l'hypothèse, non utopique d'ailleurs, qu'on ait mis à point le véhicule *hyperphotique*, c'est-à-dire plus rapide que la lumière, et qui rendra possible les courses à travers les galaxies.

Il y a là, bien sûr, un problème de croissance démographique, mais aussi d'autres facteurs aussi importants que certains natalistes ou anti-natalistes oublient trop souvent. Au facteur démographique s'ajoute, en effet, celui d'une population de plus en plus urbanisée et de plus en plus mobile.

## 1. *Le facteur démographique*

On pose souvent, en termes explosifs, le phénomène actuel d'une démographie galopante. On pose même, en termes de fatalité mathématique, l'éventualité plus ou moins prochaine, d'un rationnement de l'espace. Les prévisions de l'O.N.U., que nous reproduisons ci-contre, remontent à 1958 [1].

| *(Population en millions d'âmes)* | | |
|---|---|---|
| | *1955* | *en l'An 2000*<br>*(hypothèse*<br>*moyenne)* |
| Afrique : | 216 | 517 |
| Amérique : | 365 | 904 |
| Asie : | 1,488 | 3,870 |
| Union Soviétique : | 197 | 379 |
| Europe : | 409 | 569 |
| Océanie : | 15 | 29 |
| Monde : | 2,690 | 6,268 |

L'éloquence de ces chiffres n'échappe à personne. Ils montrent que la population mondiale aura doublé d'ici l'An 2000 et dépassera les six milliards. La seule population de l'Asie aura dépassé la population mondiale actuelle et *représentera plus de 61%* de la population mondiale de cette époque, alors que celle de l'Amérique n'en représentera que 14%.

---

1. O.N.U., *Etudes de populations*, no 28, New York, 1958.

Pour évaluer la signification de ces chiffres, en termes d'espace physique, il faut se rappeler qu'au début de l'ère chrétienne, alors que la population mondiale ne dépassait pas les cent millions, la densité de celle-ci offrait à chaque habitant un espace moyen d'un kilomètre carré, alors qu'en l'An 2000, si l'on exclut les terres peu habitables : pôles, déserts glacés ou brûlants, sommets montagneux, il devrait, théoriquement, y avoir une moyenne de cent habitants par kilomètre carré, soit un espace moyen d'environ trente pieds carrés par habitant [2]. Jusque-là, il n'y a peut-être rien d'effarant : les choses et les gens arriveront peut-être *à se tasser.* Mais, selon la même statistique de l'O.N.U., si le rythme de croissance continuait, dans six cents ans, chaque habitant de l'univers ne disposerait plus que d'un mètre carré pour vivre. Et vers la fin du prochain millénaire, il y aurait cent vingt personnes au mètre carré [3]. Le document de l'O.N.U. se refuse à prolonger jusque-là ses prévisions : *Quelque chose se produira pour empêcher que cela n'arrive,* dit-il. Ce calcul, en effet, n'est qu'un jeu théorique. Semblable à celui du biologiste Metchnikoff qui a montré que, théoriquement, une seule bactérie peut engendrer, en trois jours, un volume supérieur à celui de la terre. A ce jeu mathématique, s'ajoute d'ailleurs un fait nouveau : la science biologique a haussé et continuera de hausser la durée moyenne de la vie : de vingt-cinq ans qu'elle était en 1730, de soixante-douze ans qu'elle est maintenant, elle sera vraisemblablement de

---

2. Fourastié, J., *Les 40,000 heures*, Laffont-Gonthier, 1965, p. 68. Au Canada, en 1960, la densité de la population était de deux habitants au kilomètre carré. Elle est de vingt aux Etats-Unis, et de deux cent soixante au Japon, *Grand Atlas Mondial*, p. 171.

3. Un physicien humoristique a imaginé que pour loger une telle foule, il faudrait un bâtiment de deux mille étages qui couvrirait toute la surface du globe. Une vraie fourmilière humaine. Voir Fremlin, J. H., *How Many People can the World support*, New Scientist, 29 octobre 1969.

soixante-dix-sept ans en l'An 2000. De même, sous le régime démographique traditionnel, seulement un enfant sur quatre pouvait espérer vivre jusqu'à l'âge de quarante-cinq ans : sur mille enfants nés vivants, deux cent cinquante mouraient en bas âge. Aujourd'hui, il n'y en a plus que vingt-deux, et demain il y en aura seulement onze [4].

## 2. *Le facteur urbanisation et mobilité*

Nous parlons toujours d'espace moyen. Cet espace se comprime et le problème se complique encore si l'on tient compte de deux autres facteurs : celui d'une population qui s'urbanise de plus en plus et qui de plus en plus devient mobile.

On a pu noter, à ce sujet, que les congrès d'urbanisme se placent volontiers sous le signe du nombre : un nombre qui donne le vertige aux urbanistes. Leurs recherches, leurs calculs sont perpétuellement remis en question par la gigantesque mutation qui s'opère sous leurs yeux : l'augmentation en flèche de la concentration urbaine. Devant cette irréversible tendance, on estime que la population du globe, qui n'était citadine que dans un pourcentage de 20% en 1950, le sera à 90% aux alentours de l'An 2000 :

> Il n'est pas exagéré d'imaginer... le monde entier aggloméré en mille grandes villes [5].

Promouvoir un urbanisme à l'échelle humaine se révèle un des problèmes cruciaux de l'avenir. On a déjà tracé le portrait terrifiant de ces six milliards d'Insectes de l'An 2000, condamnés à se combattre pour survivre, et

---

4. Fourastié, J., *Recherches sur le calendrier démographique de l'homme moyen*, *Populations*, 1959, no 3.
5. Friedman, Y., cité par Ragon, M., *Où vivrons-nous demain ?* Robert Laffont, Paris, 1963, p. 20.

qui finiraient tous par étouffer collectivement[6]. Bâtir des villes, soit ! Mais quelles villes bâtir qui respecteraient les aspirations et les besoins fondamentaux de l'homme : pureté de l'air et de l'eau, calme et silence, espaces verts ? Coupé de la nature, l'homme verrait rapidement tarir les sources vitales de sa santé physique et psychologique. Aussi longtemps que ces critères ne seront pas respectés, qu'on ne parle pas d'environnement humain ; pas même d'un environnement digne d'un être vivant. Trois spécialistes écrivent à ce sujet :

> Nous avons beau nous croire seuls de notre espèce, nous avons autant de raisons génétiques que n'importe quel mammifère d'être faits pour vivre à l'air pur, et dans un paysage sauvage et varié[7].

Déjà, nombre de nos villes donnent plus d'oxygène, d'espaces verts, de calme et de silence à leurs morts qu'à leurs vivants. Plusieurs ont déjà dépassé le seuil de sécurité[8]. Notre univers physique habitable se comprime, de

6. Fabre-Luce, A., *Six milliards d'insectes*. Le statisticien futuriste et un peu fumiste prédit même la date exacte, trop exacte, de cet étouffement collectif : le 13 novembre 2026...
7. Iltis, H. H., Andrews, P. et Loucks, O. L., *Criteria for an Optimum Human Environment*, dans *Bulletin of The Atomic Science*, janvier 1970. *Quand j'ai le cafard ou que je suis énervée, il faut que j'aille dans un champ*, dit nulle autre que Brigitte Bardeau. Interview dans l'*Express* du 27 décembre 1965. Pour une fois, notre vedette ressemble à tout le monde.
8. A New York, au dire d'une commission chargée de faire rapport sur ce problème, le bruit a atteint un niveau suffisamment intense, continu et persistant pour menacer la vie essentielle de la communauté. Chaque jour, quatre cents personnes sont hospitalisées, que l'environnement de leur ville a rendues littéralement malades. Dans certains hôpitaux psychiatriques, un malade sur cinq a perdu la raison à cause du bruit. Selon le savant australien Griffith, le bruit abrège la durée de la vie de huit à dix ans. Voir *Etudes*, avril 1966, p. 490. *Oui, le bruit tue*, titre *Paris-Match* du 28 novembre 1964. Ils en savent quelque chose ces cent mille personnes que, dans une ville comme Montréal, un seul motocycliste peut réveiller en sursaut.

ce fait, à un rythme qui inquiète sérieusement les spécialistes. L'un d'eux a cru devoir lancer un cri d'alarme :

> Le monde où nous vivons est en voie de transformation
> accélérée. Les implantations d'établissements industriels
> et de systèmes hydrauliques, les abattages de forêts, le
> défrichement de terres vierges, l'emploi de produits
> chimiques hautement toxiques, tout cela a changé la
> face de la terre, *notre habitat.*

> Tôt ou tard, la cote d'alerte sera atteinte, sans qu'on
> puisse donner une date précise... La question n'a pas
> encore été étudiée à fond et ces processus échappent à
> notre contrôle fin [9].

Ce n'est plus seulement la quantité de l'espace qui est
en jeu, mais aussi sa qualité. Ce problème de l'environnement commence à alarmer les gouvernants. Washington vient de créer un bureau chargé de *collaborer avec
les autres nations du monde, dans toutes les questions
portant sur la pollution de l'air, de l'eau et du sol, ainsi
que la conservation des ressources naturelles et sur toute
autre question découlant des effets de la technologie sur
la société* [10].

A ce facteur de l'urbanisation, il faut en ajouter un
autre qui, d'une façon larvée, concourt de plus en plus
à rationner notre univers physique : la mobilité de plus
en plus grande d'une population de plus en plus nom-

---

9. Sakharov, A. D., *La liberté intellectuelle en U.R.S.S. et la coexistence*, Ed. Gallimard, 1969, pp. 62-63.

10. Une petite ville de Province, en France, (Vaudreuil, cent cinquante mille habitants) sera-t-elle la première ville au monde qui aura su protéger son milieu naturel ? Un sché-ma d'aménagement, approuvé par le conseil des ministres, y prévoit une circulation souterraine, débouchant en rase campagne ; une installation spéciale pour traiter les fumées d'usine et les gaz d'échappement ; une barrière d'arbres pour absorber les polluants extérieurs ; un système d'éjection dans des canalisations sous vide, pour les ordures ménagères ; des appartements et des portières obligatoirement insonori-sés. Et surtout une information plus poussée, dès l'école pri-maire, sur l'apprentissage de la vie en communauté.

breuse. Dans la société post-industrielle, l'homme tend à occuper de plus en plus d'espace de sorte que la demande augmente en fonction même de la rareté du produit. Cet homme, même s'il n'est pas toujours riche, veut vivre en riche. Or, il est statistiquement prouvé que le riche prend trois fois plus de place que le pauvre. La maison du riche forme presqu'une petite cité à l'intérieur de la grande ville. Elle ne répond plus à l'image traditionnelle d'un abri, même convenable. Elle ne pourra se contenter de lui offrir les services essentiels de la vie : le nourrir, le chauffer, le laver ... Mais un monde à la Walt Disney, où il pourra se distraire, s'instruire, s'informer, dans un décor de rêve ...

D'autant plus que la résidence de ville ne lui suffit plus. Il lui faudra, en plus, la résidence d'été, celle des sports d'hiver, sans exclure celle du week-end :

> L'homme de 1975 ou de l'An 2000 tiendra une place fantastique, avec son logement de ville, sa maison de campagne, son garage, ses routes, ses hôtels de vacances. Voilà l'embouteillage [11].

## 3. *Quelque chose arrivera ...*

Notre monde s'amenuise à un rythme accéléré et le processus ne peut se prolonger indéfiniment, sans condamner l'humanité à un étouffement collectif. La gravité du problème n'échappe plus à personne. Mais à plusieurs, échappe encore sa complexité. Peu de questions, qui intéressent le sort même des hommes, restent encore à ce point mal posées et mal résolues.

Il faudrait d'abord que cessent les vieilles querelles entre natalistes et anti-natalistes. Entre ceux qui prônent la natalité à tout prix, ou la dénatalité par tous les moyens. L'Eglise, pour sa part, ne supporte aucune de ces deux solutions extrêmes, également simplistes. Les

---

11. Fourastié, J., cité par Ragon, M., *op. cit.*, p. 12.

peuples bien nantis, ceux du monde occidental en particulier, cèdent facilement à la tentation de se tourner vers
les pays sous-développés et de dire : *C'est leur faute.*
Pour stopper la natalité galopante de ces pays, plusieurs
pensent alors qu'il suffira de leur prodiguer des cliniques
ou des conseils contraceptionnels. Ce simplisme, qui
ignore totalement les lois de la psychologie individuelle
et collective, ce simplisme est en train de déconsidérer le
monde occidental. Un tel jeu apparaît de plus en plus
primitif et barbare et un savant marxiste dit de lui qu'il
ne peut

> qu'engendrer la rancœur et le nationalisme [12].

Même rationnel, un contrôle des naissances s'est toujours avéré inefficace chez des populations qui ne jouis-
sent pas d'un niveau économique et social décent. A ce
problème démographique, il n'existe pas de solution purement démographique. Il exige une aide technique, économique, sociale. Il commande, par conséquent, une véritable conscience planétaire, une transformation des mentalités. Par conséquent, on chercherait en vain une solution à ce problème, aussi longtemps que les relations
entre peuples seront dominées par l'orgueil national ou
l'égoïsme. Aussi longtemps, en particulier, que les deux
super-puissances actuelles, les Etats-Unis et l'U.R.S.S.,
n'auront pas renoncé à se disputer l'hégémonie du monde, et arrêté leur course folle aux armements qui grève
plus du tiers de leur budget national.

On estime, par exemple, que si les E.U.A. amputaient
de 25%, pendant une seule année, leurs armements, ils
pourraient libérer suffisamment de ressources pour relever de 2.5% le revenu d'un milliard d'hommes :

> Ce sont ces 2.5% précisément qui manquent pour sortir
> du trou [13].

---

12. Sakharov, A.D., *La liberté intellectuelle en U.R.S.S. et la coexistence pacifique*, Gallimard, 1968, p. 60.
13. Sauvy, A., dans *Encyclopédie Française*, Vol. XX, p. 20.28.5.

*Quelque chose se produira*, affirme modestement le document précité de l'O.N.U. Mais quoi ? Si les deux super-puissances de ce monde, les Etats-Unis et l'U.R.S.S., continuent leur guerre froide, si même l'un des deux rivaux finissait par dominer l'autre et, par conséquent, dominer le monde, il se trouverait devant une masse d'hommes capables, par sa seule misère et son seul désespoir, de faire basculer sa puissance.

Que se produira-t-il ? Les moins alarmistes se contentent de formuler des vœux prudents :

> A un certain moment, au cours des prochains siècles, la population devrait se stabiliser d'elle–même... Cela reste cependant extrêmement incertain et dépendra de facteurs tels que la technologie et l'alimentation [14].

Facteur technologie, facteur alimentation et, faudrait-il ajouter, nombreux autres facteurs. En particulier, un véritable retournement de la politique internationale et, en définitive, une révolution des mentalités. Lorsque Paul VI parle du *développement* comme du *nouveau nom de la paix, de la civilisation*, il pose le problème de la survie de l'humanité, et il le pose en réaliste. Plus réaliste que de taxer, comme objets de luxe, les layettes, les berceaux et les couches, ou de décerner un *Prix de responsabilité* à chaque couple qui aurait vécu cinq ans sans procréer, ou à tout homme qui aurait accepté la vasectonomie après la naissance de son deuxième enfant [15].

De ce nouvel humanisme, de cette nouvelle conscience planétaire qui s'impose, on chercherait vainement aujourd'hui des signes avant-coureurs. Les riches continuent de s'enrichir et les pauvres, de s'appauvrir. La course aux armements ruineux continue et l'on prévoit que d'ici l'An 2000, plus de cinquante pays y seront entrés [16] ; que dans la seule décennie 1970-80, on y consacrera des cré-

---

14. Kahn, H., et Weiner, A. J., *op. cit.*, p. 208.
15. C'est ce que, sérieusement, propose un démographe, Ehrlich, P. *La bombe P*, Fayard, 1972, p. 143.
16. Kahn, H., et Wiener, A. J., *op. cit.*, p. 316.

dits de quatre mille milliards de dollars : autant que l'on a dépensé entre 1900 et 1970, aux mêmes fins, avec les résultats que l'on connaît, ce qui représente l'équivalent du produit brut mondial pendant deux ans [17]. On voit donc malaisément comment les seuls efforts des hommes pourront adéquatement faire face à un monde qui s'amenuise de jour en jour. Sommes-nous ici en présence de l'irréversible ? Comme en bien d'autres domaines, aurions-nous ici la preuve que l'histoire de l'homme dépasse l'homme ? Ne serait-ce pas le mystère de l'Histoire qui nous découvre ici son visage ?

Malgré tout, quelque chose pourrait se produire encore, et plusieurs experts songent ici aux quatre Cavaliers de l'Apocalypse :

> Alors, on leur donna pouvoir sur le quart de la terre, pour exterminer par l'épée, par la faim, par la peste et par les fauves de la terre [18].

Nous quittons ici, assurément, le point de vue purement expérimental pour entrer dans le mystère de l'Histoire tel que la Révélation l'entrevoit. Nous quittons le point de vue expérimental, mais nous rejoignons pourtant celui des prévisions. Il n'est pas du tout exclu, en effet, que la guerre, la peste et la famine continuent de jouer, dans l'avenir, le rôle régulateur démographique qu'elles ont joué dans le passé. La famine surtout dont nous parlerons spécialement plus loin.

Qu'il existe au moins une possibilité de catastrophe nucléaire dans le monde de demain ne fait aucun doute [19]. Un fait est là dont on sous-estime la terrible signification à mesure qu'elle devient plus évidente : actuellement cinq pays possèdent des armements nucléaires et, dans quelques années, une cinquantaine en posséderont :

---

17. Revel, J. F., *Ni Marx ni Jésus*, Laffont, 1970, p. 107.
18. *Ap* 6, 8.
19. Deux savants, John Platt et Karl Deutsch, estiment même que ces possibilités sont de 50%, voir *Express*, no 966, p. 70.

> Il serait absurde d'envisager l'avenir sans considérer explicitement que ces armes peuvent être utilisées [20]

On se résigne difficilement à admettre comme plausible une guerre nucléaire. Mais quelle guerre l'a été ? Presque toutes, surtout les plus dévastatrices, ont été des accidents de l'Histoire, y compris la folie d'un homme en place. On peut, il est vrai, difficilement imaginer une conjoncture qui justifierait une catastrophe nucléaire. Mais ce fait n'a rien d'assurant.

Pour sa part, un historien russe qui, en dehors de toute idéologie et avec une impitoyable rigueur d'analyse, s'est penché sur l'avenir de son pays, voit, dans un affrontement nucléaire sino-soviétique, une éventualité certaine et prochaine. Nous préférons renvoyer le lecteur à cette analyse et lui laisser le soin d'en juger. L'auteur conclut :

> ... il nous apparaît que la guerre entre l'U.R.S.S. et la Chine se situera entre 1975 et 1980 [21].

Même en supposant que ce cavalier de l'Apocalypse épargne notre monde, un autre pourrait le décimer : les maladies épidémiques. Certes, la recherche médicale procure ici à notre époque une sécurité que les autres ne connaissaient pas. Mais une sécurité qui ne devrait pourtant pas l'endormir. Des facteurs nouveaux, en effet, la rendent précaire. La densité de la population augmente dans des pays où sévit toujours le même régime de pauvreté et de sous-alimentation. Les problèmes d'assainissement se multiplient. De plus, grâce aux moyens de transport modernes, un virus pourrait être présent presque instantanément aux quatre coins du globe. Et même si la science, avec ses antibiotiques, peut nous immuniser contre les virus anciens, ne serait-elle pas prise au dépourvu devant l'apparition d'un virus nouveau ? Dans

---

20. Kahn, H., et Wiener, A. J., *op. cit.*, p. 400.
21. Amalrik, A., *L'Union Soviétique survivra-t-elle en 1984 ?* Fayard, 1970, p. 88.

le *New York Times* du 10 février 1970, on pouvait lire la dépêche suivante :

*UN virus si mortel qu'il décourage la recherche.*

Des médecins américains ont découvert un virus si létal qu'ils ont préféré abandonner les recherches à son sujet.

Le virus, nommé fièvre Lassa, a tué trois des quatre Américains infectés au cours de l'année dernière.

Heureusement, tous les chercheurs n'ont pas perdu courage. Et un mois plus tard, quelques spécialistes réussissaient à contrôler ce virus qu'ils continuent d'appeler *mystérieux et extrêmement dangereux.* Il n'est pas impensable que réapparaissent d'autres virus, aussi mystérieux et aussi dangereux, que les chercheurs n'auront pas le courage ou le temps d'endiguer [22].

Même si les hommes n'arrivent pas à désamorcer la Bombe H, comme on désigne parfois aujourd'hui le phénomène de la surpopulation, on peut toujours espérer ou redouter que les Cavaliers de l'Apocalypse y parviennent. D'autant plus que, de ces quatre Cavaliers, il nous reste à affronter le plus redoutable et le moins improbable : la famine et la faim.

---

22. Un biodémographe écrit : *En 1967, nous avons frôlé le désastre. Une maladie virale, jusqu'alors inconnue chez l'homme, fut transmise aux chercheurs de laboratoire en Allemagne (à Marburg) et en Yougoslavie par une colonie de singes ververts ... Deux semaines avant que cette maladie ne se fût déclarée dans les laboratoires, les singes avaient transité par l'aéroport de Londres. Si le virus s'était déchaîné alors, le mal aurait pu se répandre dans le monde entier en quelques heures.* Ehrlich, P., *La Bombe P*, Fayard, 1971, p. 49.

# 3

# Et qui s'épuise

*L'humanité se trouve... placée devant le plus redoutable problème économique et, par voie de conséquence, social, politique et ethnique qu'elle ait jamais eu à résoudre.*

(Lebret)

De tous les fléaux qui ont décimé l'humanité, la faim a toujours joué le rôle capital, plus que les guerres, plus que les épidémies. Elle a ainsi contribué à régulariser le mouvement démographique dans le monde. On estime, par exemple, que du dixième siècle à la Renaissance, l'Europe a connu quatre cents famines ; que durant la révolution russe, elle a fait douze millions de victimes ; qu'à la veille de leur capitulation, les Japonais en étaient réduits à moins du tiers d'une nourriture normale.

Mais sporadiques ou épisodiques, ces famines n'ont jamais menacé l'ensemble de l'humanité. Elles n'ont même pas réussi à éveiller collectivement sa conscience sur ce problème. Pour la majeure partie des peuples occidentaux et la quasi-généralité de l'Amérique du Nord, le problème de la faim dans le monde reste celui des autres. Intellectuellement, moralement, il les concerne peut-être. Mais il ne pose pas l'enjeu de leur propre survivance. L'éventualité d'une famine à l'échelle planétaire, où les victimes ne se compteraient plus par millions, mais par milliards, cette éventualité nous laisse indifférents et **sceptiques.**

Cette éventualité, pourtant, elle existe. Et aux yeux de plusieurs experts, nous arriverons trop tard pour la contrer.

1. *L'éventualité d'une famine mondiale*

A. *Le cercle infernal de la faim dans le monde*

Sur la carte du monde, un cercle se dessine et s'accentue d'année en année : le cercle infernal de la faim. Il englobe plus des deux tiers de la population mondiale : tous les peuples, en un mot, que la révolution industrielle n'a pas touchés, et n'a pas pu toucher. Ils s'appellent le Tiers monde.

Le Tiers monde, en effet, est une création de l'âge industriel. Jusqu'à son avènement, tous les peuples du monde avaient une égale part au festin. Ils pouvaient être riches ou pauvres, mais ils avaient tous les mêmes chances de l'être. La menace d'une famine ne pesait pas plus sur l'un que sur l'autre. La révolution industrielle a opéré un partage, une rupture. Elle a permis à quelques peuples privilégiés d'exploiter leurs énormes ressources naturelles, de hausser le niveau de vie de leurs habitants, de maintenir, dans un équilibre constant et même croissant, les rapports ressources-population. Elle leur a même permis d'exploiter non seulement leurs ressources territoriales, mais celles des autres. C'est ainsi qu'aujourd'hui, les Etats-Unis, qui ne représentent que 6% de la population mondiale, consomment près de 40% des ressources du globe.

Pendant ce temps, les peuples du Tiers monde se voient acculés à un cercle vicieux : ils sont restés pauvres parce qu'ils ne produisent pas, et ils ne produisent pas parce qu'ils sont trop pauvres pour produire. Et le cercle continue de se vicier. Plus ils sont pauvres, plus ils prolifèrent. Et plus ils prolifèrent, plus la densité de leur population agricole augmente. Alors qu'au Canada, par exemple, cette densité ne dépasse pas quinze habitants par kilomètre carré de culture, elle atteint deux cent soixante-six en Asie, et cinq cent quarante-deux en Egypte [1].

En d'autres mots, alors qu'au Canada, quinze habitants, en moyenne, ont à leur disposition un kilomètre carré de culture, en Egypte, cinq cent quarante-deux doivent y trouver leur subsistance.

Dans les pays sous-développés, les chances d'accroître la production alimentaire apparaissent très problématiques. On songe ici spontanément à l'accroissement de la surface cultivée, à ces grands espaces disponibles que le touriste le moins averti peut observer quand il survole les territoires du Moyen-Orient ou de l'Amérique du Sud. Illusion ! Quand, dans ces pays surpeuplés, à l'histoire millénaire, des terres ne sont pas cultivées, c'est que, tout simplement, elles ne sont pas cultivables. Le seraient-elles, il faudrait y investir une industrialisation, et par conséquent des ressources économiques dont ces pays sont précisément dépourvus et dont les autres pays se désintéressent parce que :

> Le coût de l'opération en ferait un non–sens économique [2].

Les rêveurs parleront volontiers de désaliniser les océans pour irriguer les espaces désertiques. Le procédé existe, mais même à capacité maximale, il ne suffirait même pas, dans les prochaines décennies, à abreuver la population du Canada. Il n'est pas sûr, d'ailleurs, qu'à ce moment, l'eau ne se vendra pas à prix d'or :

> ...car si nous continuons à saccager notre réseau hydraulique, si notre consommation en eau continue à suivre la même courbe et notre population à s'accroître, en 1984, nous serons tout bonnement en train de mourir de soif [3].

---

1. *Voir* Lebret, L.-J., *Le drame du siècle,* Editions Ouvrières, Paris, 1960, pp. 24-25.
2. Ehrlich, P. R., *op. cit.*, p. 98.
3. *Id., ibid.*, p. 99.

Ici, en effet, entre un élément nouveau qui accentue encore le cercle infernal de la faim : les pays privilégiés non seulement ont plus que leur part, mais souvent privent les autres de la faible part qui leur revient. Par leur immense pouvoir de pollution, les pays riches [4] saccagent, en toute bonne conscience, les ressources naturelles des pays pauvres. Il y a dix ans, on fondait encore de grands espoirs sur les richesses alimentaires des océans. En fait, on parle beaucoup de la culture des mers, mais pendant qu'on en parle, on continue de les piller, de les polluer :

> Notre seul espoir de trouver, dans les mers, une solution à notre crise alimentaire est donc de réussir à cultiver des végétaux marins et à nous en nourrir ; or, nous ne le faisons pas et nous n'avons pas encore les moyens de le faire [5].

Si jamais le monde en acquiert la volonté et les moyens, ne sera-t-il pas trop tard ? On se pose la question quand on entend dire que nombre de lacs sont complètement morts et que même les océans, au dire du commandant Custeau, le sont déjà presque à demi [6].

A ce cercle infernal de la faim, il faut enfin ajouter un élément nouveau qui attire de plus en plus l'attention des experts : les pauvres se voient condamnés non seulement à ne pas se nourrir assez, mais à se nourrir mal. Ce que Josué de Castro appelle les *faims spécifiques* [7]. La machine humaine, on le sait, n'a pas besoin seulement d'énergies en calories, elle doit aussi trouver, dans l'alimentation, des moyens de réparer elle-même ses pertes de substance : minéraux, protéines, vitamines. Or, ces éléments sont toujours d'origine animale : viande, poisson, œufs et produits laitiers. Comme tous ces produits

---

4. Les Etats-Unis, à eux seuls, seraient responsables de 60% de la pollution mondiale. Voir *Promesses*, n. 62, nov. 1971, p. 19.
5. Ehrlich, P. R., *op. cit.*, p. 101.
6. Voir *Promesses, loc. cit.*
7. Castro, J. de, *Géopolitique de la faim*, Ed. Ouvrières, Paris, 1962.

sont élaborés par d'autres êtres vivants, ils coûtent plus cher et les pauvres se les interdisent. C'est ainsi que, de l'avis d'un éminent pédiatre, la maladie la plus grave qui frappe de nos jours l'humanité est le *kwashiorkor* qui résulte, au moment du sevrage, du passage brutal d'une alimentation animale, le lait, à une alimentation qui, dans les classes pauvres, est souvent exclusivement végétale. De sorte que, en pays sous-développés, la faim menace ceux-là même qui peut-être mangent à leur faim, mais qui, à l'âge de la croissance, auraient été privés d'une nourriture adéquate. Sur eux aussi, le cercle infernal se referme : ne pas pouvoir manger à sa faim, faute de travailler assez ; ne pas pouvoir travailler, faute d'avoir assez mangé...

B. *Un cercle qui se boucle*

Enfin, pour boucler ce cercle vicieux : les pauvres prolifèrent davantage, et en proliférant, ils s'appauvrissent davantage, cependant que les riches, engagés eux aussi dans un cercle vicieux, mais en quelque sorte inversé, voient leur niveau de vie hausser continuellement.

Telle est la situation paradoxale qu'un spécialiste qualifie de *drame du siècle* :

> Parvenus au terme d'une analyse que nous avons cherché à rendre aussi objective que le permet la documentation sérieuse dont on peut actuellement disposer, nous ne pouvons échapper à l'effroi [8].

Situation d'autant plus effroyable que l'on s'en effraie fort peu. Lorsque, en 1961, l'O.N.U., pour tenter de résoudre ce problème de la misère au sein de l'abondance, lança, comme un cri d'alarme, sa *Campagne mondiale contre la faim*, qui de nous s'est vraiment alarmé ? Depuis lors, d'année en année, les rapports de la F.A.O. se font de plus en plus alarmistes ; ils font état moins d'une amélioration que d'une aggravation du problème ; ils éta-

---

8. Lebret, L.-J., *Le Drame du siècle*, Editions Ouvrières, 1960, p. 178.

blissent, par exemple, qu'en 1965, *plus de la moitié de la population mondiale mange moins qu'avant 1940* [9]. Phénomène que le Concile Vatican II avait déjà relevé en suppliant les nations riches de prêter l'oreille à ces *peuples de la faim qui interpellent les peuples de l'opulence* [10]. Le monde des riches et des bien nantis a l'oreille dure. Certains sociologues sérieux se demandent même s'il ne s'enfonce pas imperceptiblement dans un état de sous-développement spirituel qui condamne au désespoir le sous-développement matériel du Tiers monde. Ecoutons l'un d'eux, dont l'autorité ne fait pas de doute et qui doit sa formation au marxisme :

> Il nous faut lier le problème de la disette matérielle du Tiers monde et celui de la disette affective et psychologique du monde dit développé... Celui qui sait voir voit déjà, ...sous le masque qui tient lieu de visage, sous le fard et la toilette des femmes, sous la cravate et le veston masculin, d'affreuses tumeurs, des chancres, des tuberculoses de l'âme et de l'esprit... Cette misère s'accroîtra avec l'abondance, le vide s'accroîtra avec le loisir. Le sens de la vie se posera comme question radicale, donc révolutionnaire [11].

Pour réveiller la conscience des morts, mieux vaut un pessimisme lucide et actif qu'un optimisme béat et passif. Il faut oser parler de l'éventualité d'une famine quasi mondiale qui non seulement mettrait un frein à l'expansion démographique, mais poserait, de façon radicale, le sens de la vie. Il faut même oser en parler comme d'une éventualité pas tellement éloignée.

### 2. *Une éventualité pas tellement éloignée*

Si nous continuons sur cette lancée, dans une dizaine d'années, donc aux alentours de l'année 1980, l'humanité

---

9. Dumont, R., *Nous allons à la famine*, Paris, dans *Economie et Humanisme*, nov.-déc., 1966, pp. 26-30.
10. *GS 9, 2*.
11. Morin, E., *Introduction à une politique de l'homme*, Paris, 1965, pp. 55, 30.

dépassera cinq milliards, et de ce nombre, trois milliards seront sous-alimentés. De sorte que :

> ... la probabilité d'une famine mondiale généralisée à l'ensemble du Tiers monde, vers 1980, est grande [12].

Un biodémographe américain imagine le scénario des événements dans une optique aussi optimiste que possible. Pendant quelques années encore, la conscience du monde continuera de sommeiller. Mais vers 1978, elle s'éveillera et poussera ses gouvernants à prendre des mesures radicales. Sur l'initiative du représentant américain à l'O.N.U., une Taxe internationale pour la Survie sera imposée à tous les pays sur-développés, laquelle correspondrait à 4% du revenu national brut. La moitié de cette Taxe serait mise à la disposition des Nations Unies, et l'autre moitié servirait à la réalisation de programmes collectifs de développement. Grâce à ce système de Contrôle de la Communauté mondiale, le désastre pourra être évité. Pas tout à fait, pourtant :

> Pour près d'un milliard d'êtres humains, la prise de conscience mondiale s'était faite trop tard. Malgré les tentatives désespérées pour accroître la production alimentaire, limiter les pertes pendant l'acheminement des denrées et procéder à une distribution équitable, soixante–dix millions d'hommes au moins moururent chaque année de faim ou de maladies dues à la faim [13].

Ce scénario, qui se veut plaisant, laisse donc, derrière lui, un milliard de morts que la faim aura fauchés. Il suppose également que, du jour au lendemain, tous les hommes ont acquis une conscience planétaire, se sont découverts citoyens de l'Espace, solidaires devant la vie et devant la mort. Donc une maturité collective dont aucun pays du monde n'a encore fait la preuve. Pas même, et dirais-je, surtout pas les E.U.A. d'où devra partir l'initiative salvatrice.

---

12. Bartoli, H., Préface de *Le Tiers-Monde, l'Occident et l'Eglise*, Paris, Editions du Cerf, 1967, pp. 19-20.
13. Ehrlich, P., *op. cit.*, p. 79.

C'est pourquoi, aux yeux de certains, il est peut-être trop tard pour éviter la catastrophe :

> Dans les régions les plus retardataires, l'analyse de la situation actuelle et des tendances décelables montre qu'il est vain d'espérer une amélioration dans un proche avenir, soit avant la date fixée par les experts pour la tragédie : 1975–1980.

> Il s'agit en l'occurrence, de la baisse prévisible du volume de produits alimentaires disponibles par tête d'habitant, d'où l'apparition, dans une série de régions, de famines qui ne manqueront pas de faire tache d'huile, entraînant la création d'un immense univers de la faim. Des millions et des millions d'hommes seront alors en proie à d'intolérables souffrances et au désespoir, mais aussi à des déchaînements de violence. Telle est la terrible menace qui plane sur l'humanité. Une catastrophe d'une ampleur telle ne pourra qu'avoir de graves conséquences pour le monde entier [14].

Les hommes qui parlent ainsi, faut-il le souligner ? ne se laissent nullement aller à des visions apocalyptiques. Ils ne font qu'apporter, à des données très concrètes, une interprétation qui n'est pas la seule possible, sans doute, mais qui en vaut bien d'autres. De plus en plus, une idée capitale fait son chemin : face à un monde qui s'amenuise et qui s'épuise de jour en jour, la fin du monde n'est plus seulement une éventualité ; elle est une nécessité. Même si la grande catastrophe prévue pour la fin de ce siècle pouvait être évitée, on doit cesser de croire que les ressources de la terre sont inépuisables et se rendre à l'évidence qu'elles s'épuisent très vite sous l'action conjuguée de l'explosion démographique et d'une technologie qui exploite la nature d'une façon intensive, incohérente et dévastatrice [15].

---

14. Sakharov, A. D., *op. cit.*, pp. 56-57.
15. En se plaçant dans cette perspctive, et à partir d'une *documentation rigoureuse*, au dire du *Sunday Times*, Gordon Taylor estime que le Jugement dernier peut arriver demain...

En juin 1972, une conférence organisée par l'O.N.U. réunissait à Stockholm, des spécialistes qui ont traité des problèmes posés par la raréfaction des ressources naturelles du globe. Précédemment, l'un d'eux avait cru devoir alerter, à ce sujet, la plus haute instance internationale. Disons que le rapport de Howard Brabyn[16] a pu paraître pessimiste et discutable. Il rejoint pourtant les vues du *Club de Rome* et du *Massachusetts Institute of Technology*. Au dire de ce savant, au rythme actuel de consommation, les réserves connues de dix métaux essentiels seront épuisées avant cinquante ans ; les réserves de gaz naturel le seront dans vingt ans ; celles de pétrole, dans trente ans ; celles de charbon, dans cinquante-six ans. Il est d'avis que les hommes d'aujourd'hui ne prennent pas les précautions raisonnables pour leur périlleux voyage vers l'avenir et, à moins de mesures d'urgence, ils se trouveront en panne dans un désert qu'ils auront eux-mêmes créé.

Un tel propos peut déconcerter les malthusiens de tout poil, qui se font d'ailleurs de plus en plus rares. Il ne déconcerte pas les croyants qui n'ont jamais supposé, enclose dans la nature, une intention qui vise une prolongation sans fin de l'humanité dans son état actuel. Ils admettent volontiers que la nature, forte du Dessein qu'elle porte en elle, peut se montrer plus intelligente que les hommes et dérouter leurs propres desseins. Une idée beaucoup plus saine et aussi fondée objectivement que l'autre, celle qui ne verrait, dans la création, qu'une réussite fortuite, dont l'homme seul serait le responsable, jusque dans sa finalité.

---

Taylor, G. R., *Le Jugement dernier. Notre monde bientôt invivable*, Calmann-Lévy, 1970.

16. *Informations-Unesco*, no 621, mai 1972.

Troisième Partie

# L'homme de l'an 2000

*Pour moi la grande frontière de l'avenir ce n'est pas l'espace, c'est l'homme.*

(Robert Junk)

# 1

# Enfin déprolétarisé!

*...je pense avec appréhension au rajustement des habitudes et instincts de l'homme ordinaire... avec lesquels on lui demandera peut-être de rompre d'ici quelques dizaines d'années.*

(Keynes)

Plus que son univers physique, l'homme de l'An 2000 nous intéresse ici. Par-delà un horizon qui se rapproche rapidement de nous, on scrute son visage, et ce visage semble se dérober à nos prévisions. Que sera cet homme ? Faut-il croire que nos critères actuels ne peuvent plus prendre sa mesure et qu'une super-humanité va bientôt prendre corps sous nos yeux ? Bien des signes nous préviennent, en tout cas, qu'il vaut mieux mettre de côté toute maquette préfabriquée et admettre carrément qu'un homme est en train de naître qui sera ou du moins devra être différent de nous.

Une de ces différences s'affirme déjà avec une quasi-certitude : il sera déprolétarisé. Différence accidentelle, dira-t-on ? Non. Cette différence, en effet, ouvre la porte sur un monde d'impondérables ; un monde de nouvelles possibilités et de besoins nouveaux.

Depuis qu'il existe, affronté à des forces naturelles qu'il ne dominait pas, l'homme a été assujetti à des contraintes, à des servitudes économiques. Elles s'appelaient : souci parfois angoissant de sa propre subsistance et travail déshumanisant. Or, ces contraintes, surtout en pays industrialisés, tendent de plus en plus à s'alléger, et la tendance est irréversible. Niveau de vie, durée et

conditions de travail s'améliorent sans cesse et continueront de s'améliorer, malgré les zones de pauvreté que les
sociétés riches connaîtront toujours.

## 1. *Le niveau de vie*

Jusqu'à présent, le fait majeur de l'évolution, dans
nos sociétés occidentales, a été l'élévation du niveau de
vie. De plus en plus de gens accèdent à l'aisance et même
à la richesse, si on les compare à nos ancêtres.

Lié à la hausse de la productivité, elle-même fonction
du progrès technique, ce phénomène ne cessera de s'accentuer. On ne se trompe sûrement pas quand on voit,
dans l'homme de l'An 2000, un consommateur comblé. Il
pourra se procurer, à un coût moindre, des produits plus
abondants et plus variés. Le niveau de vie s'élève, en
effet, à mesure que grandit le pouvoir d'achat. Or, en
dépit des cris anti-inflationnistes, de toutes les luttes
syndicales et de toutes les revendications pour améliorer
le pouvoir d'achat, il est prouvé statistiquement que,
depuis l'avènement de l'ère industrielle, le pouvoir d'achat
n'a jamais cessé de croître. Pour une raison très simple :
à mesure que se développe le mécanisme de la production, le produit coûte moins cher.

Cette affirmation, évidente aux yeux d'un économiste,
pourrait en étonner d'autres. Les prix ne montent-ils pas
sans cesse ? Les prix étiquetés, les prix du marché aug-
mentent, sans doute, mais les prix *réels* diminuent. Le
prix réel, on le sait, n'est pas une étiquette, il est un rapport : le rapport prix-travail. Il s'exprime en fait en
heures de travail. Un produit coûte exactement, réellement, la portion du salaire horaire que le consommateur
doit lui affecter [1].

---

1. Les économistes nous pardonneront de parler ici sans les
nuances qu'ils y mettraient sans doute. Il est clair, par
exemple, que ces évaluations valent à long terme et qu'elles
ne se vérifient pas toujours sur une brève période. Il est

On s'explique ainsi qu'un produit qui pouvait, autrefois, coûter deux cents heures de salaire horaire au consommateur n'en coûte plus que dix-sept aujourd'hui et que, par ricochet, la consommation de masse monte en flèche avec l'augmentation du Produit National brut. Celui-ci, au Canada, était de $ 2,464. en 1965, et l'on prévoit qu'il aura presque quadruplé en l'An 2000 [2]. On s'explique également que, durant les dernières décennies, l'élévation du niveau de vie de l'homme moyen, en pays occidentaux, ait quintuplé et que, selon des prévisions à peu près certaines, elle quintuplera de nouveau au cours des trois prochaines décennies.

Si sèches et si sommaires qu'elles puissent paraître, ces considérations méritent la plus grande attention. Elles forment la toile de fond indispensable ; l'horizon mobile et encore inconsistant, mais auquel il faut se référer pour tenter une esquisse de cet homme en mutation.

## 2. *Durée du travail*

L'élévation du niveau de vie a pour effet immédiat de déprolétariser l'homme, de l'arracher à une servitude économique. D'autant plus qu'à ce facteur de déprolétarisation un autre s'ajoute: celui de la durée du travail. Le fait est évident : plus un pays s'industrialise, plus la durée

---

clair aussi que la baisse du prix réel n'est pas automatique et régulière. Fonction du progrès technique, elle peut varier d'un secteur à l'autre. Ainsi les produits et services tertiaires, moins soumis à la mécanisation, résistent davantage à la baisse de leur prix réel.

2. Kahn, H., et Wiener, A. J., *op. cit.*, p. 219. Ici encore, la même ombre au même tableau : dans le monde industriel, ce produit par tête représente à peu près douze fois celui des pays en voie de développement. En l'An 2000, il le représentera dix-huit fois. Cela signifie qu'*alors, l'écart du monde dichotomisé augmentera de 50% en faveur du monde développé ... Que se passera-t-il alors ? ... Id. ibid.*, p. 204.

du travail tend à se réduire. Une réflexion un peu courte peut interpréter ce fait comme le seul résultat des revendications syndicales, une victoire du peuple sur les privilégiés, le triomphe de la théorie marxiste de la *plus-value* selon laquelle le pouvoir d'achat des salariés ne doit pas être lié à la durée du travail. On a dissipé aujourd'hui ce qu'une telle explication avait de simpliste et d'utopique :

> ... il est aujourd'hui scientifiquement certain que les salariés subissent, par la hausse des prix ou autrement, le poids presque total de l'opération [3].

En d'autres mots, la réduction du travail ne peut pas ne pas entraîner une réduction parallèle, sinon égale, de la production et par conséquent de la consommation nationale [4]. Elle affecte forcément le niveau de vie. Elle implique donc une option entre un niveau de vie plus élevé d'une part et, de l'autre, un genre de vie plus dégagé. Que depuis cent cinquante ans, le travailleur ait pu améliorer son niveau de vie jusqu'à le quintupler et, en même temps, réduire de moitié la durée de son travail montre assez que son option était justifiée et raisonnable. Et que, par voie de conséquence, il ne s'arrêtera plus dans cette voie où il s'est engagé.

Compte tenu de l'abaissement de l'âge moyen de la retraite, de l'élévation des âges scolaires, le travailleur de l'An 2000 devrait connaître l'ère des *quarante mille heures*. C'est-à-dire une existence qui suppose : trente-trois années de travail (contre cinquante actuellement) ; douze semaines de congé (contre quatre actuellement). Les indices économiques actuels ont permis de brosser le scéna-

---

3. Fourastié, J., *Les 40,000 heures*, Laffont-Gonthier, 1965, p. 78.
4. En fait, cette réduction n'est pas égale à celle de la production. Selon des études récentes, elle est compensée, dans une proportion de 40%, par ses effets favorables sur la santé, la sécurité du travailleur et surtout par la productivité horaire. Voir Madinier, P., *Commissariat Général du Plan*, Paris, juin 1964.

rio suivant. Il ne concerne, bien sûr, que la société post-industrielle (dont le Canada) et ne représente qu'une possibilité :

| | |
|---|---|
| Journée de travail : | 7 h. 30 |
| Semaine de travail : | 4 jours |
| Semaines de travail par an : | 39 |
| Fêtes chômées : | 10 |
| Congés de week-end : | 3 jours |
| Semaines de vacances par an : | 13 |

(soit par an : 147 jours de travail et 218 de liberté) [5]

Dans cette hypothèse, le travailleur pourrait consacrer 40% de son temps à une profession, 40% à une activité non professionnelle et 20% à la seule détente. Sans compter que :

> Une bonne part de la population ne travaille pas du tout. Un vigoureux mouvement en faveur de l'Etat providence s'est manifesté, surtout dans le domaine des soins médicaux, du logement et des subventions pour ceux qui auraient été autrefois considérés comme les membres pauvres de la population [6].

Si l'on songe que la durée moyenne de la vie approchera alors de quatre-vingts ans, soit sept cent mille heures, le travailleur n'aura plus à consacrer que six heures sur cent pour maintenir un niveau de vie cinq fois supérieur à celui qu'il connaît maintenant. Alors que, dans la société traditionnelle, pour s'assurer seulement un minimum vital, il devait travailler aussi longtemps que le lui permettaient ses forces physiques ou les conditions de la nature.

Il y a là, on le comprend, une extraordinaire mutation qui fait passer l'homme, d'une situation de nécessité à une situation de disponibilité.

---

5. Kahn, H., et Wiener, A. J., *op. cit.*, p. 256.
6. *Id. ibid.*, p. 256.

D'ailleurs, ce n'est pas seulement la durée du travail qui est ici en cause, mais aussi sa nature et sa signification.

### 3. *Nature et signification du travail*

Jusqu'à l'avènement de l'ère industrielle, le travail de l'homme se réduisait, en grande partie, à des occupations dites primaires : la pêche, la chasse, l'agriculture, l'exploitation des forêts et des mines. Peu à peu, on a assisté à un transfert des activités économiques : du secteur primaire, elles passent au secteur secondaire où sont traités les produits du secteur primaire : commerce, industrie, bâtiment. De plus en plus, le transfert s'opère maintenant vers un primat du secteur tertiaire : services d'échanges, bureaucratie. Nous vivons présentement une période de transition qui a vu abaisser le primaire de 80% à 30% au bénéfice du secondaire. Mais le mouvement s'accentue vers une importance croissante des activités tertiaires qui, dans un proche avenir, devraient couvrir, pense-t-on, 80% des activités économiques. Les autres activités, soit 20%, seraient dévolues, à part égale, aux secteurs primaire et secondaire [7].

Le tableau ci-dessous illustre bien la courbe rapide de cette évolution dans un pays industrialisé comme les Etats-Unis :

| Année | Secteur primaire | secondaire | tertiaire |
|-------|------------------|------------|-----------|
| 1850 | 65 % | 18 % | 17 % |
| 1900 | 30 % | 25 % | 39 % |
| 1950 | 12 % | 36 % | 52 % |
| 1960 | 7.6% | 35.2% | 57.1% |

---

7. Certains parlent même d'occupations quaternaires : celles qui rendent service aux occupations tertiaires ou se rendent ser-

Devant une telle mutation dans la nature même du travail humain, certains n'hésitent pas à parler d'une nouvelle ère géologique : l'ère *quinternaire*. Depuis cent cinquante siècles, l'homme travaille à conquérir son habitacle terrestre au fur et à mesure que les glaces s'éloignent et lui laissent le jeu libre. Aujourd'hui, l'homme urbain, succédant à l'homme des forêts, des montagnes et des campagnes, prend la gérance de son domaine.

Ce mouvement signifie que quatre travailleurs sur cinq gagneront leur vie non plus par la force de leurs bras, mais grâce à leurs qualifications professionnelles, à leur culture technique.

Il restera sans doute toujours une marge nécessaire d'activités manuelles dévolues à l'homme. Mais encore ici, son rôle consistera davantage à planifier qu'à exécuter. Ici une plus grande spécialisation, et par conséquent une meilleure organisation du travail est à prévoir. Et surtout deux éléments nouveaux modifient profondément l'optique du travail : la mécanisation et l'automation. Pendant longtemps l'homme n'avait, pour accomplir son travail, que sa seule force musculaire ; c'était l'époque où, littéralement, *il gagnait son pain à la sueur de son front*. Puis la mécanisation est venue qui lui a permis de conquérir un avantage mécanique et d'alléger son effort musculaire : le levier, le plan incliné, la brouette, la charrue, le bateau, les machines à vent, la roue hydraulique. Avec une mécanisation accrue, le travail s'est morcelé en secteurs spécialisés et peut s'exécuter avec un gain de temps et d'énergie.

Mais il y a surtout l'automation où la machine elle-même exécute les tâches, grâce à de simples dispositifs de contrôle, de façon à éliminer de plus en plus le rôle de l'homme. Qu'on pense seulement au thermostat qui met en branle et régularise notre système de chauffage et qui dispense de toutes les tâches, de tous les cauche-

---

vice entre elles. *Il y aura sans doute un grand transfert vers ce dernier groupe. Id. Ibid.,* p. 106.

mars, de tous les refroidissements qu'ont connus nos ancêtres.

Sans tomber dans le mythe d'un travail humain complètement mécanisé et automatisé, ni non plus dans la crainte qu'un tel processus nous engage sur la voie d'un chômage généralisé, il ne fait aucun doute qu'il prendra la relève de l'homme dans une multitude de petites tâches onéreuses et pas tellement humanisantes. Dans l'industrie d'abord, mais aussi dans la vie domestique. S'il faut en croire un professeur de mécanique industrielle :

> ... nous serons, dans dix ou vingt ans d'ici, en possession d'un robot grâce auquel les hommes seront déchargés de la routine quotidienne et des corvées ménagères [8].

Un docile robot-esclave, capable de frotter, balayer, épousseter, laver la vaisselle, mettre le couvert, faire les lits ; qui posséderait une mémoire pour enregistrer les ordres et un certain degré d'adaptation :

> La production d'un tel robot domestique ne pose pas de problème, bien que rien n'ait été fait dans ce domaine... Nous pouvons espérer l'avoir pour 1984.

L'avenir de la mécanisation automatisée est difficile à prévoir [9]. En particulier quand elle devra simuler les possibilités humaines d'analyse et faire ainsi une économie énorme d'énergies musculaires ou intellectuelles. Mais on peut prévoir, sans exagération, que la nature même du travail en sera profondément modifiée. Et conséquemment, l'âme du travailleur.

---

8. Thring, M. W., *The World in 1984*, Baltimore, Md., Penguin Books, 1964, vol. 2, p. 38.
9. ... *mais trente-deux ans de travail assidu devraient suffire pour aller plus loin que toutes les prévisions raisonnables qui sont sérieusement et explicitement formulées à l'heure actuelle.* Kahn, H., Wiener, A. J., *op. cit.*, p. 145.

# 2

# Des perspectives qui s'ouvrent

*La servitude économique étant levée, les têtes
libres se redressent, les corps vivent en santé,
les âmes aussi.*

(Péguy)

Pour un nombre grandissant d'humains, les servitudes économiques deviennent et deviendront de plus en
plus chose du passé. Il y a encore quelques années, surtout quand on affectionnait le langage marxisant, on parlait volontiers de notre civilisation comme de celle du
travail. Les sciences humaines cédaient le pas devant
celles, sociologiques, philosophiques ou théologiques, qui
s'intéressaient au travail, à l'*Homo faber*.

Aujourd'hui, c'est plutôt l'homme lui-même qui forme
le centre de la réflexion et de la recherche. L'homme,
non pas seulement dans sa dimension de travailleur,
mais dans toute sa dimension. L'avènement et l'énorme
développement des sciences humaines sont un signe que
nous sommes passés de la civilisation du travail à une
autre qui n'a pas encore de visage et pas encore de nom.

Pas de nom ni de visage, mais des perspectives qui
pourraient introduire l'humanité dans un âge vraiment
nouveau. L'homme déprolétarisé voit s'ouvrir devant lui
des possibilités inédites, et en particulier celles d'une
civilisation du loisir et de la culture de masse.

## 1. Une civilisation du loisir

### A. Loisir et civilisation

Sans fermer les yeux sur les conditions économique-
ment cruelles qui pèsent encore sur nombre de secteurs

du travail, il faut reconnaître que nos sociétés industrielles, et demain post-industrielles, viennent de découvrir une nouvelle dimension de leur existence individuelle et collective : les loisirs. A l'échelle d'une vie humaine, le travail, au sens traditionnel du mot, n'occupera bientôt qu'une place, en quelque sorte marginale, dans la société : soit 6% du temps.

Les optimistes trouvent ici un jeu facile. Ils saluent déjà l'aube d'une nouvelle Renaissance où

> ... la vie culturelle (sera) devenue la partie sérieuse de l'existence, en lieu et place du travail et du gain, désormais assurés à moindres frais d'énergie [1].

Un tel optimisme identifie trop vite loisir et civilisation. Une économie du loisir, en effet, est une chose, et une civilisation du loisir est une autre chose. Le loisir ne civilise pas nécessairement. Pas plus d'ailleurs que le travail. L'homme civilisé peut émerger du travail comme il peut émerger du loisir ; de même qu'il peut, sous l'un et l'autre régime, demeurer à l'état sauvage. Ainsi, l'Américain moyen aurait mauvaise grâce de parler de civilisation des loisirs, au nom des *trente-cinq heures* hebdomadaires qu'il passe devant l'écran de sa télévision et des *trente-sept* qu'il passe au travail. Jusqu'à quel point y apprend-il la culture des vraies valeurs humaines ? On sait seulement qu'il y compromet la culture de ses dents, puisqu'une Société dentaire, sérieusement, reproche à la télévision de

> ... compromettre la dentition des enfants en les incitant à pousser lentement leurs dents hors de l'alignement normal, lorsqu'ils appuient leur menton sur leurs mains en regardant les programmes [2].

La civilisation restera toujours assujettie aux impéra-

1. Rougement, Denis de, dans *Où vivrons-nous demain*, op. cit., p. 194.
2. Dreyfus, P., *Dans un monde qui change*, Coll. Jalons, no 24, p. 95.

tifs de l'esprit plus qu'à ceux de l'économie. Elle restera toujours le fruit difficilement acquis de valeurs humaines reconnues, acceptées et vécues. Il y a le travail déshumanisant qui ne civilise pas ; comme il y a le loisir déshumanisant, qui ne civilise pas davantage.

On a peut-être trop cédé à l'exaltation marxiste selon laquelle l'homme ne se réalise que dans et par le travail, car *ce n'est pas le jeu qui est naturel à l'homme, mais le travail.* Il ne faudrait pas céder à l'exaltation inverse et croire que

L'homme n'est pleinement homme que lorsqu'il joue.

Ou encore :

On peut dire que l'histoire des sociétés humaines, c'est l'histoire des loisirs, de leur répartition dans les classes sociales, de leur utilisation [3].

D'ailleurs, travail et loisirs ont des fonctions complémentaires et s'ils sont bien entendus, se relient l'un à l'autre, dans une sorte d'osmose. Plus il s'accomplit dans des conditions humaines, plus le travail ressemble à un loisir. Et le loisir ne saurait s'identifier à l'oisiveté, à une interruption pure et simple de toute activité, de tout travail.

Pourtant le loisir, surtout quand il deviendra un phénomène quasi généralisé et collectivisé, comporte des promesses certaines, des richesses de civilisation. Nous essaierons de les dégager brièvement.

B. *Loisirs et nouvelles possibilités*

Sans parler trop vite d'une nouvelle civilisation des loisirs, on peut déjà entrevoir les nouvelles et immenses possibilités que les loisirs offriront à l'homme de demain. L'attente primordiale du loisir a toujours été et restera encore le repos. Nul ne niera ce besoin, et par consé-

---

3. Hourdin, G., *Une civilisation des loisirs,* Calmann-Lévy, 1961, p. 7.

quent ce droit d'échapper à la contrainte, à la régularité que finit toujours par représenter le travail quotidien. Ce besoin et ce droit, pour l'homme travailleur, de se *re-créer*, le Concile Vatican II l'a reconnu officiellement [4]. Mais, à l'horizon d'une économie du loisir, il y a bien d'autres possibilités.

### a. *Un nouveau type de relations interpersonnelles*

Cette économie peut, d'abord, favoriser un nouveau type de relations sociales et permettre même une redécouverte de l'autre. Le travail exprime sans doute une dimension importante de l'homme mais n'exprime pas toutes ses dimensions. Quand je rencontre Monsieur un Tel au travail, je le vois dans une de ses fonctions : je communique avec un homme, mais un homme en fonction. Un être dont la personnalité profonde peut facilement m'échapper, avec ses aspirations, ses richesses et ses pauvretés. D'autant plus que, dans un monde du travail qui se standardise de plus en plus et qui, en conséquence, se personnalise de moins en moins, le loisir est appelé à jouer un rôle de plus en plus important : celui de permettre à chacun d'être vraiment unique : d'être vraiment reconnu non seulement par ce qu'il fait, mais par ce qu'il est. Ne faut-il pas attendre, parfois, d'avoir participé à un spectacle ou à un voyage communs pour se découvrir des affinités ou des répulsions réciproques ?

### b. *L'apprentissage de la gratuité*

Le loisir peut également disposer l'esprit, le cœur et les bras à la gratuité. Le geste gratuit, le geste humain par excellence ! Celui qui ne vise pas tant l'efficacité que la créativité, le gain que le don. Celui dont la grande utilité consiste précisément à être inutile. Laissons-nous au moins rêver d'un monde où les hommes pourront se livrer à des activités désintéressées et passionnantes, inutiles mais nécessaires. Quand même cette activité ne

---

4. *GS* 67, 3.

serait qu'une présence attentive à ce qu'ils sont, aux échos qu'éveillent en eux les situations qu'ils doivent vivre ou subir.

A partir de cet état d'intériorité et de réceptivité, l'homme peut communier vraiment, non seulement à lui-même et aux autres, mais aussi à la création dont il se prétend le roi. Aussi longtemps qu'il n'aura que le souci de la transformer, cette création, c'est-à-dire de la mettre à son usage, de l'assujettir, disons de l'exploiter, il en sera peut-être l'intendant, il n'en sera pas le roi.

A ce point de vue, on a exagérément développé une religion du travail, au sens bourgeois et marxiste du mot. Comme si l'homme ne se définissait et ne se construisait que par son activité productrice. Bâtir le monde, transformer le monde sont des slogans à la mode, mais qui sont appelés à être dépassés. Ils comportent une bonne dose de littérature capable de griser une légion de petits bourgeois qui s'ignorent. Ils recouvrent surtout un idéal au ras du sol : celui qui convenait peut-être à l'*homo faber* d'autrefois mais dont on peut espérer que l'homme de demain ne se satisfera plus.

Ce monde en genèse, il faut l'aimer et le respecter assez pour trouver le temps de le regarder, d'entrer, en quelque sorte, en dialogue fraternel avec lui, de faire la part aussi large à la collaboration et à l'admiration qu'à l'exploitation et à l'utilisation. Bref, le loisir pourrait permettre à l'homme de retrouver, devant la création, la signification du geste gratuit, le geste royal par excellence.

### c. *Ouverture à la transcendance*

Toutes ces perspectives qui s'ouvrent sur un monde de loisirs éveillent l'image d'un retour au Paradis terrestre où l'homme était destiné, dirait-on, à vivre une villégiature ininterrompue. Voilà des images que les exploitants de loisirs, les Agences de voyages nommément, savent fort bien évoquer. Non : le retour au Paradis terrestre n'aura pas lieu. C'est jusqu'à la fin que, dans son âme sinon par ses muscles, l'homme devra *gagner son pain à la sueur de son front.* Mais tout imaginaires et mythiques qu'elles soient, ces images peuvent avoir un effet bénéfique : arracher l'homme aux limites étroites de son habitacle terrestre et l'ouvrir au monde de la transcendance : un monde aussi réel que l'autre et qui, en plus du goût de l'entreprise, peut susciter en lui celui de la source.

On a dit, avec raison, qu'il y a un Astérix qui sommeille en chacun de nous. Une civilisation a autant besoin de poètes que de techniciens ; il lui faut des gens qui savent se mouvoir au niveau de l'utilitaire, mais aussi des gens qui savent le dépasser. L'homme qui sait *jouer* vraiment, c'est-à-dire se livrer à des activités gratuites d'où le souci de l'utilitaire est complètement exclu, cet homme est certainement plus perméable à la reconnaissance d'une transcendance. Plus perméable, par conséquent, à l'univers biblique et liturgique qui, par le symbolisme du langage, des gestes et des lieux, s'ouvre toujours sur le transcendant :

> ... on peut penser que l' « homo ludens » sera plus sensible à la festivité liturgique et à la grande imagerie biblique que l' « homo faber » [5].

En fait, cette économie du loisir qu'on voit poindre à l'horizon pourrait marquer un éveil et un affrontement décisif de la conscience humaine face au Réel. Teilhard de Chardin voulait peut-être exprimer cela quand, dans un de ses derniers textes, et l'un des plus riches, il écrivait :

> Lorsque approchera la fin des temps, une pression spirituelle effrayante s'exercera sur les limites du Réel, sous l'effort des âmes désespérément tendues dans le désir de s'évader de la terre. Cette pression sera unanime. Mais l'Ecriture nous apprend qu'en même temps, elle

5. Lintanf, J.-P., o.p., *Réflexion chrétienne sur le loisir de l'homme,* dans *Recherches et Débats,* no 58, mars 1967, p. 89.

sera traversée par un schisme profond, les uns voulant sortir d'eux-mêmes pour dominer encore plus le Monde, les autres, sur la parole du Christ, attendant passionnément que le Monde meure, pour être absorbés avec lui en Dieu [6].

Si le loisir, en effet, peut ouvrir au monde de la transcendance, il peut, par le fait même, ouvrir à celui de la contemplation. Par la face visible de ce monde, le contemplatif est précisément celui qui en découvre la face invisible ; il le voit en attente de la libération définitive, il l'entend gémir *en travail d'enfantement*.

> Car notre salut est objet d'espérance ; et voir ce qu'on espère, ce n'est plus l'espérer ; ce qu'on voit, comment pourrait-on l'espérer encore ? Mais espérer ce que nous ne voyons pas, c'est l'attendre avec constance [7].

Au milieu de la monotonie des jours, à travers le déchirement des événements de ce monde, le contemplatif garde toujours en lui le sens de la fête, cette forme par excellence du loisir. Même si le mot « loisir » ne se retrouve pas dans l'Ecriture, la réalité qu'il recouvre peut s'y rencontrer à chaque page. Pour l'homme de la Bible, en effet, le terme et le sens de son destin consistent à entrer dans le *Repos de Dieu*. Non pas seulement à *passer du bon temps, chacun sous sa vigne et son figuier* [8], comme il le croyait dans sa conscience primitive, mais, par-delà la mort, à participer à la Pâque du Christ, que saint Augustin aime à nous décrire comme un Loisir éternel :

> Nous serons en vacances et nous regarderons, nous regarderons et nous aimerons, nous aimerons et nous chanterons [9].

---

6. Chardin, Teilhard de, *L'Avenir de l'Homme,* Ed. du Seuil, 1969, p. 402.
7. *Rm* 8, 24-25.
8. *I R* 4, 20 ; 5, 5.
9. Augustin, saint, *Cité de Dieu*, 22, 30.

Non pas une oisiveté pleine d'ennui, *mais l'ineffable tranquillité d'une action oisive.* Une action où *demeure ce en quoi consiste le repos : ne pas peiner dans l'agir et ne pas penser avec agitation* [10].

Une civilisation du loisir pourrait donc constituer une excellente maturation évangélique. Mieux que toute autre forme de civilisation, elle pourrait permettre de comprendre le message chrétien du Salut en Jésus-Christ. Il n'y a aucune naïveté à le dire.

### 2. *La culture de masse*

Une autre possibilité que l'on peut voir poindre à l'horizon comme une des grandes mutations de l'An 2000 : la culture de masse. Il ne s'agit pas seulement ici d'une culture plus généralisée, mais aussi d'une culture vraiment nouvelle.

### A. *Une culture plus généralisée*

Il n'y a pas si longtemps encore, la culture, intellectuelle ou scientifique, représentait un privilège réservé à une infime proportion plus fortunée, sélectionnée. Ceux que l'on appelait *l'élite ;* entre les mains de qui reposaient tous les mécanismes de décision, toutes les zones d'influence et, par ricochet, les avantages sociaux. Les autres, c'est-à-dire la masse, s'occupaient à subsister. Ils n'avaient ni le temps ni la possibilité de s'informer, de réfléchir. Bientôt, même l'homme moyen, du moins chez les peuples évolués, trouvera l'un et l'autre.

Il n'est pas uniquement question ici d'une proportion plus grande d'intellectuels et de techniciens proprement dits [11]. Il y a là une nécessité vitale pour tous les peuples

---

10. *Id., Lettre à Samarius*, P.L. 33, 212.
11. Cette augmentation elle-même devient presque un phénomène de masse. Ainsi, aux E.U.A., au début du 19e siècle, on ne comptait pas plus d'un millier d'ingénieurs et d'hommes de science ; au début du 20e siècle, ils étaient quatre-vingt

qui veulent non seulement progresser, mais simplement survivre. Mais le grand fait consiste plutôt en ceci que, désormais, même l'homme moyen aura accès à la vie intellectuelle. Non seulement en trouvera-t-il le loisir, mais aussi tout l'équipement et l'environnement nécessaires. La vie de l'esprit viendra continuellement frapper à sa porte ; elle envahira les murs de son salon et s'y installera en permanence. La technologie électronique est en voie d'opérer cette transformation, et l'on peut prévoir un réseau mondial d'ordinateurs qui, en quelques minutes, rendra n'importe quelle connaissance accessible à n'importe qui. Cependant que la télévision permettra à tous d'explorer la réalité à l'échelle mondiale [12] :

Un jour, nous passerons notre vie entière à l'école [13].

A partir du jour où l'homme n'aura plus à étudier pour gagner sa vie, il pourra étudier tout le temps.

A toutes ces possibilités qui existent déjà, on pourrait ajouter d'autres éventualités que certains estiment probables et même inéluctables. Celle, en particulier, d'un contrôle de plus en plus poussé sur le processus même de la pensée et de ses constituants génétiques, de façon à éveiller la faculté d'apprendre chez tous ceux où elle serait endormie. Non sans une certaine terreur, la recherche s'oriente dans ce sens. Le Directeur de l'Institut

---

mille. Actuellement, ils sont plus d'un million et demi, et aux environs de l'An 2000, on prévoit qu'ils seront huit millions, soit un pour sept travailleurs. Et ce phénomène s'observe dans tous les pays du monde, surtout industrialisé. *Voir* Brown, H., Bonner, O., et Weir, J., *The next hundred years,* 1957.

12. *Il y aura sans doute un jour une console dans chaque maison reliée à un service public de calculateurs ... [ ... ] un calculateur pourra, par exemple, donner simultanément une leçon individuelle à une centaine d'étudiants, chacun à sa console sur son propre sujet, et cela à n'importe quel niveau, depuis l'enseignement primaire jusqu'à l'enseignement supérieur.* Herman, K., et Wiener, *op. cit.,* p. 139.

13. McLuhan, M., *Mutations 1990*, Mame, 1969, p. 57.

national de la Santé mentale, aux Etats-Unis, déclarait en 1966 :

> ...dans les cinq à dix prochaines années... on verra un accroissement par un facteur de cent du nombre et des types de médicaments capables d'agir sur le cerveau.

Des savants estiment très proche le jour où l'on pourra altérer les codes génétiques au point de contrôler non seulement la couleur des cheveux et des yeux, la taille et l'obésité, mais aussi la forme et le degré de l'intelligence. La biologie moléculaire s'emploie présentement à découvrir comment les composés chimiques trouvés dans le cerveau interviennent dans le travail même du cerveau :

> Une fois que nous aurons trouvé la réponse à cette question, nous pourrons non seulement commencer à écrire l'histoire du cerveau engagé dans un processus d'apprentissage de mémorisation, d'oubli de pensée ou de rêve, mais nous pourrons aussi, par une recherche rationnelle, essayer de découvrir les agents chimiques et les médicaments qui pourraient contrôler et soulager l'angoisse des schizophrènes, les pertes de mémoire des gens âgés et le manque d'initiative des enfants attardés [14].

L'amélioration des facultés intellectuelles est certes l'une des plus importantes perspectives de la biologie actuelle. Au stage de la manipulation embryonnaire, il suffirait, selon Rostand, de provoquer une autre division des cellules pour obtenir un cerveau deux fois plus grand. D'ores et déjà, la science pourrait, en quelques générations, hausser le niveau physique et intellectuel de l'espèce humaine et, à coup d'hormones supplémentaires, déterminer non seulement le sexe, mais aussi la personnalité physique et morale. On envisage aujourd'hui sérieusement la possibilté de stimuler la production de

---

14. Krech, D., *Controlling the Mind Controllers*, dans *Think*, juillet-août 1966, pp. 3-7.

cellules cérébrales, de transférer les connaissances, de les inoculer massivement à des populations entières, par une sorte de *bonne* guerre batériologique. Ou même de coupler le cerveau humain et l'ordinateur (on a baptisé ce secteur de recherches : l'intellectronique), de manière à créer une surhumanité artificielle où les imbéciles et les méchants perdraient tous leurs droits à l'imbécillité et à la méchanceté. Nos Académies de Science prospéreraient entre les mains d'*ignorants* et l'enfer serait pavé de... bonnes actions.

Des expériences étonnantes ont déjà été réalisées sur les animaux et l'on peut prévoir qu'elles déboucheront inévitablement sur le cerveau humain [15].

Nous reviendrons plus loin sur les terreurs que de tels espoirs peuvent susciter. Mais verra-t-on jamais le jour où de grands artistes, de grands savants et même de grands politiciens seront des produits de laboratoire ? Formés un peu à la façon des lettres de l'alphabet, tels que représentés dans *Le Meilleur des Mondes* : ils s'appelleront Alpha, Bêta, Epsilon ... :

> ... nous prédestinons et conditionnons. Nous décantons nos bébés sous forme d'êtres vivants socialisés, sous forme d'Alphas ou d'Epsilons, de futurs vidangeurs ou de futurs administrateurs [15] ...

B. *Une nouvelle culture de masse*

La perspective qui s'ouvre sur une culture de masse ne signifie pas seulement une culture plus généralisée de la masse. Elle peut signifier aussi une culture de masse vraiment nouvelle. Moins utilitaire et par conséquent moins fragmentaire.

---

15. Voir Rosenfeld, A., *op. cit.*, p. 231 ; Rostand, J., *Pensées d'un biologiste,* Stock, 1954, pp. 47-70. Dans le *New York Times* du 17 juillet 1965, le rédacteur en chef de *Science*, le docteur Abelson, écrit : ... *la qualité et le talent des chercheurs rendent inévitables des découvertes ultérieures décisives.*

15. Huxley, A., *Le Meilleur des Mondes,* Plon, 1970, p. 45.

L'éducation de masse, en effet, s'est particulièrement développée avec l'acroissement des puissances de production et, il faut bien le dire, en fonction de la production. Il y aurait lieu de démystifier certaines valeurs institutionnalisées qu'on attache encore à la culture de masse propre à une époque industrielle. La masse y reste un consommateur et, qui plus est, une sorte de produit, un rouage en vue d'une société de consommation :

> ... comme des morceaux de métal moulé deviennent les parties composantes d'une locomotive [16].

Aussi longtemps qu'elle se meut à ce niveau utilitaire, la culture se limite facilement à un corps de connaissances sélectionnées, standardisées ; une course au diplôme, en vue d'une situation ou de bénéfices marginaux.

De plus, la culture technologique est forcément spécialisée. On la dit, avec fierté, basée sur l'exploration du réel plus que sur des déductions logiques. Mais quel réel ? Un réel bien délimité, fractionné, une parcelle de la Réalité. En dehors de sa spécialité même, le scientifique ne sait pas grand-chose de la Réalité scientifique, de la Réalité intégrale, la seule qui puisse *enchanter l'homme dans sa prison* [17].

Cette culture de masse, utilitaire, empirique et fragmentaire, est le fruit d'une technologie à son stade primitif. Cette même technologie pourrait éveiller le besoin impérieux d'une nouvelle culture de masse, d'autant plus qu'elle porte en elle les moyens d'y parvenir :

> Nous entrons, plus vite que nous ne le croyons, dans une ère fantastiquement différente. La parcellisation, la spécialisation, le conditionnement sont des notions qui vont céder leur place à celles de l'intégralité, de la

---

16. McLuhan, M., *op. cit.*, p. 40.
17. *Le drame le plus grave de la vie intellectuelle contemporaine est l'ignorance individuelle des connaissances collectives. Chacun de nous ignore ce que l'humanité sait.* Fourastié, J., *Lettre à quatre milliards d'hommes.* Ed. Albin Michel, 1970, p. 17.

diversité et qui, surtout, vont s'ouvrir à un engagement réel de toute la personne [18].

Oui, vraiment, nous entrons dans une ère fantastiquement différente qui ouvre à l'homme de l'An 2000 des perspectives nouvelles. Mais perspective n'est pas prospective, n'est surtout pas extrapolation. Et l'avenir le plus souhaitable ne s'identifie pas avec l'avenir le plus probable.

18. McLuhan, M., *op. cit.*, p. 42.

# 3

# Les nouveaux épicuriens

*J'ai enfin compris ce qui distingue l'homme et
la bête : ce sont les soucis financiers.*

(Jules Renard)

A côté de ces perspectives qui s'ouvrent, il y en a
d'autres qui se ferment. Une civilisation des loisirs et une
nouvelle culture de la masse offrent des aspects positifs,
pleins de promesses. On peut les ranger, sans hésiter, au
nombre des espoirs de l'An 2000. Mais elles offrent également des côtés négatifs ; des perspectives qui se ferment
sur une possibilité terrifiante : une génération, et peut-
être plusieurs générations de nouveaux Epicuriens, une
résurgence des Anciens qui, trois siècles avant Jésus-
Christ, réduisaient les problèmes de l'homme à un phénomène de sensation. Sensations pures ou primitives ; sensations plus raffinées, transformées, combinées. Même la
réflexion soi-disant rationnelle et scientifique doit se
mettre au service de la sensation.

Une économie d'abondance et de loisir, dans une
société de consommation dominée par l'omniprésence et
l'omnipuissance de la publicité, risque d'engendrer une
race de nouveaux épicuriens. Cette race est-elle en train
de renaître sous nos yeux ?

## 1. D'Epicure à Marcus

Peu d'entre nous connaissent Marcus, et encore moins
Epicure. Plus de deux millénaires séparent l'un et l'autre.
Bien des affinités de pensée et d'influence les rapprochent pourtant au point d'en faire presque des contemporains. Nous ne prétendrons pas que le portrait du phi-

losophe antique recoupe exactement celui du philosophe actuel, Marcus, cette sorte d'éminence grise de notre société technologique. Chez ce dernier, en particulier, on relève une part de rhétorique et un appel à la violence qu'on ne relève pas chez le premier. Mais chez l'un et l'autre, on retrouve un seul et même dessein et, en quelque sorte, un seul et même destin. Ils ont, tous les deux, un désir profond de changer l'homme, de le libérer, de le libérer en libérant l'Eros. Chez l'un et l'autre, il y a un appel à la spontanéité, une confiance rousseauiste dans la bonté foncière de l'homme et de ses instincts et une contestation de toute mesure répressive. En voulant réprimer l'Eros, la société dénature l'homme, le conditionne.

Marcus, bien sûr, n'est pas un libertin. Epicure, quoiqu'en pensent plusieurs, n'en était pas un non plus. Ni l'un ni l'autre ne prônent une humanité aveuglément abandonnée à ses instincts sexuels. Marcus lui-même, au lieu d'une répression même tolérante, admet la nécessité d'une *tolérance répressive*. Mais les disciples d'Epicure n'ont retenu de son enseignement que l'aspect libertaire. Et l'enseignement de Marcus risque de connaître le même destin.

Marcus, un maître à penser ou un symbole ? Sa pensée, à toutes fins pratiques souvent mal comprise et dénaturée, comme celle d'Epicure, symbolise aujourd'hui une société qui veut rejeter toute contrainte, briser tous les cadres ; une société qui s'*épicurise*.

Après une froide analyse de la culture actuelle, les auteurs de l'An 2000 concluent :

> Il est presque possible d'imaginer qu'au cours des trente-deux prochaines années ... un nombre important auront acquis des caractéristiques comparables à celles des sophistes, des épicuriens, des cyniques, à celles des premiers sensualistes ou humanistes [1].

---

1. *Op. cit.*, p. 250.

On a donné à cette culture une désignation nouvelle, mais qui ne fait que reprendre la vieille terminologie hellénistique : on l'appelle *sensate* [2], signifiant par là qu'elle oppose l'empirique au révélé. Mais il ne manque pas d'observateurs attentifs qui notent une rapide évolution de cette culture *sensate*. Le sensate *récent* suit une courbe, en quelque sorte logique : l'empirique devient *cynique*, le terrestre devient *blasé*, le pratique devient *chahotique* et *trivial*, le matérialiste devient *athéiste*.

Nous ne songeons pas seulement, pas surtout à cette abondance de littérature érotique et pornographique qui a surgi en ces dernières années [3]. Cette mode, dont l'enfantillage lasse très vite les jeunes et même les moins jeunes, commence déjà à s'essouffler : la clientèle des films soi-disant *osés* diminue, cependant que se vident les cabarets où s'exhibent les danseuses sans soutien-gorge et même sans... pastille :

> ...ces romans et ces pièces, comme les luxueuses photos des magazines, *annoncent la mort fracassante d'une époque* [4].

2. Sorokine, P. A., *Social and Cultural Dynamics*, New York, Bedminster Press, 1962, vol. I, pp. 84-91.
3. Un exemple : Le plus grand quotidien français d'Amérique, qui se veut sérieux et qui, somme toute, réussit à l'être, annonce en première page, et presque à la une : *Comme la mentalité des gens a beaucoup évolué au cours des récentes années..., le même homme qui a lancé à Montréal la vogue des danseuses sans soutien-gorge (topless) se dit prêt à aller plus loin encore... C'est en 1966 que M... décidait de suivre le courant de San Francisco et d'offrir en spectacle des danseuses à gogo sans soutien-gorge... et même si les jeunes filles portaient des pastilles sur les mamelons..., la réaction de la police a été vive... Depuis, les danseuses ont laissé tomber les pastilles, et M... a ajouté au programme la projection de films érotiques, mais non pornographiques... le jour n'est pas loin où les jeunes filles danseront complètement nues... La Presse*, 21 décembre 1972, A 1.
4. McLuhan, M., *op. cit.*, p. 27.

A ce point de vue, la plupart des littérateurs et des cinéastes ne font nullement figure de prophètes : comment pourraient-ils entrevoir l'avenir alors qu'ils n'ont pas encore découvert le présent ?

Car le présent laisse déjà deviner un avenir tout différent : une exploration systématique et même scientifique du sensoriel où le sexe ne devient plus qu'une expérience comme une autre. Et même passe au second rang. Aux yeux des jeunes, le sexe devient secondaire. La distinction entre rôle masculin et rôle féminin s'atténue. Ce que nous appelions *sexe* apparaît plutôt comme une activité commune, unisexuelle et surtout multisensorielle. Et ceux qui imaginent les communes hippies comme des lieux orgiaques se trompent profondément.

On est plutôt à la recherche d'un nouvel univers sensuel qui ne se limite pas à l'extérieur de l'être mais veut explorer même l'intérieur. On espère, et effectivement on a pu y découvrir des capacités sensorielles qui débordent les limites étroites du sexe, prolongent l'ébranlement du système nerveux par-delà la frontière de l'organique et du corporel. L'intérêt grandissant pour les philosophies et les religions orientales n'est pas étranger à ce phénomène. De même que l'usage des drogues et, selon certains, même la musique rock, accompagnée d'effets lumineux psychédéliques :

> Des savants fort sérieux recherchent les moyens d'obtenir même davantage de résultats sans l'usage des drogues... L'avenir prouvera probablement que tout être humain a en lui la capacité d'accéder à des plaisirs dépassant les satisfactions sexuelles vers lesquelles il se contente de tendre aujourd'hui [5].

Et, nous semble-t-il, nous retrouvons ici le fin fond de l'ancien épicurisme, assorti d'une technique et d'un langage nouveaux : la recherche polarisée sur la sensa-

---

5. McLuhan, M., *op. cit.*, p. 29. On explore même la possibilité de remplacer les organes sensoriels par des appareils électroniques, capables d'appréhender le monde extérieur et d'en

tion. Et non pas seulement une sensation primitive, mais raffinée, transformée, combinée.

## 2. *Une étape nécesaire ?*

Ce retour à l'ancien épicurisme marque-t-il, pour l'homme d'aujourd'hui, une étape nécessaire ? En fait, entrer dans une économie d'abondance et de loisirs représente pour lui un défi nouveau, et un défi colossal. Jamais, dans toute l'Histoire du monde, l'homme ne s'est trouvé en face d'une telle disponibilité. Sans doute, à certaines époques, on peut relever la trace de certains peuples qui ont pu jouir, provisoirement, d'une situation analogue. Ainsi, au temps de Néron, le libre citoyen romain bénéficiait, chaque année, de cent soixante-seize jours fériés, c'est-à-dire consacrés aux loisirs. Ce qui correspond un peu à la situation de l'homme moyen d'aujourd'hui. Mais aujourd'hui, cette situation se généralise, s'institutionnalise et s'accentue. Elle introduit l'homme dans un âge auquel les âges précédents ne l'avaient pas habitué. Il s'était plutôt habitué à subsister. Dans cette tâche, qui ne manque pas de grandeur, il trouvait les impérieuses motivations qui formaient la trame de son existence. Et même une bonne part de ses motivations instinctives trouvaient là un débouché. Sans qu'il fût un ange, le labeur quotidien pouvait l'empêcher de faire la bête. Telle est sans doute la part de vérité qu'on peut extraire de cette boutade de Jules Renard dans son Journal :

> J'ai enfin compris ce qui distingue l'homme et la bête : ce sont les soucis financiers.

---

transmettre les signaux au cerveau. On pourrait ainsi, non seulement développer un registre de sensibilité bien supérieur à celui des organes naturels, mais aussi doter le cerveau humain de *sens nouveaux*. Voir *L'Homme Futur, op. cit.,* p. 233.

Libéré de la contrainte du travail et des soucis financiers, l'homme se voit facilement affronté à sa vie instinctive, une vie instinctive sans objet, et qui dispose maintenant de puissants moyens technologiques, nommément
dans le domaine de la psychopharmacopée.

La caractéristique majeure de l'homme de l'An 2000,
celui, en tout cas, de la société post-industrielle, sera
peut-être de n'avoir plus aucun problème de subsistance
et de sécurité sociale. Et cette absence de problème
risque de devenir le gros problème. Certains psychiatres
parlent déjà d'une *maladie des loisirs*. Près de 25% des
dépressions nerveuses et des troubles mentaux lui seraient attribuables [6]. Un spécialiste de la psychologie
humaine estime même que cette maladie frappera tous
ceux qui n'auront pas dépassé le stade de la dernière
année d'école primaire.

A cette maladie du loisir, quel remède a-t-on à opposer ? Aucune politique sérieuse du loisir, et même aucune prévision à long terme. Dans l'Eglise, une pastorale
du loisir est à peine à l'état d'ébauche. En attendant,
biochimistes et psychopharmacologues poursuivent leurs
recherches et enrichissent chaque jour l'arsenal de la
drogue. Un célèbre psychologue prédit que :

> Dans un avenir assez proche, on ne maintiendra le cli-
> mat affectif et la motivation de l'existence quotidienne
> normale qu'à l'aide de drogues [7].

Or, pour la plupart des drogués, sinon la totalité, une
vie sans pilules apparaît trop ennuyeuse pour être sup-
portable. Seule la drogue peut leur fournir *ce supplément
d'âme* nécessaire pour affronter la réalité nouvelle.

Dans le phénomène de la drogue, on peut déceler le
sous-produit d'une culture industrielle dans une société
qui entre déjà dans l'âge post-industriel, dans une éco-

---

6. Barnier, L., *Ce que seront nos loisirs demain*, dans *Atlas-His-
toire*, sept. 1965.
7. Skinner, B. F., dans *l'Homme Futur*, par Alfred Rosenfeld,
Grasset, 1970, p. 97.

nomie d'abondance et de loisirs. En légalisant le phénomène, on ne fera que l'institutionnaliser, le perpétuer, et
par là assurer une longue postérité à la génération des
nouveaux épicuriens.

Toutes ces explorations nouvelles de l'univers sensoriel, ces incursions dans la danse, cette spontanéité ges-
tuelle, cette ivresse par hallucinogènes peuvent libérer
des aspirations enfouies, des cris étouffés. Elles appellent la naissance d'un homme nouveau, mais elles ne la
déclenchent pas. La culture expérimentale, dans cette
hypothèse, pourra continuer de progresser, tandis que la
culture tout court continuera de régresser. Les nouveaux
Epicuriens se renouvelleront en se multipliant, mais ils
resteront toujours des épicuriens. On ne peut qu'être
frappé par l'étrange actualité d'un texte relevé, par un
savant, sur une tombe égyptienne et qui date de six
mille ans avant Jésus-Christ :

> Nous vivons dans un âge pourri. Les jeunes ne respec-
> tent plus leurs parents. Ils sont effrontés et impatients.
> Ils passent leur temps aux tavernes et n'ont aucune
> maîtrise d'eux–mêmes [8].

Nous traversons, il faut le dire, une situation-charniè-
re, une époque de transition où l'homme, appelé à changer son mode de vie, doit aussi changer son mode de
pensée. Une transition d'autant plus difficile à franchir
qu'elle s'opère dans un cadre obsédant et même inquiétant, capable, à lui seul, de créer des névroses, des déca-
lages mentaux : celui d'une publicité qui exploite massivement et de façon éhontée notre économie d'abondance et de loisirs. Aussi longtemps que cette économie sera
commercialisée, nous serons de plus en plus des consom-
mateurs et de moins en moins des créateurs. Elle appli-
que toute sa soif de gain et ses immenses moyens à exci-
ter la malédiction du désir sans fin, *ce mauvais infini*,
comme l'appelait Hegel :

---

8. Fuller, B., *I Seem To be A Verb.*

Nous faisons maintenant collectivement l'expérience du mauvais infini . . .

Voyez comment, de plus en plus, nous reportons le sens de notre vie de travail sur le loisir, le travail devenant simplement le coût social du loisir, et comment, dans le loisir même, nous retombons dans les techniques de consommation [9].

S'il est vrai que l'apathie, la bestialité forment le fond du caractère du crétin, il faut bien conclure que la publicité nous crétinise.

Echapper à ce dilemme infernal : livré à l'ennui ou dévoré par ses désirs sans fin, tel est le défi qu'aura à relever l'homme de la société post-industrielle. Le pourra-t-il ? Tout se passe comme si notre culture technologique suivait le même processus que toutes les grandes cultures historiques. Après une période d'épanouissement et de raffinement, elles finissent pas s'épuiser. D'abord créatrices de valeurs nouvelles, elles perdent peu à peu leurs forces, leurs élans créateurs. Elles changent de direction : au lieu de se tourner vers l'esprit, elles se tournent vers la *vie*, ou plutôt vers la pratique de la vie qu'elles aspirent à organiser le mieux possible, pour en jouir le plus possible.

Lorsque la soif de *vivre* se répand dans l'humanité, une culture spirituelle supérieure cesse d'être recherchée. . . ; on désire uniquement la *vie* avec la puissance et le bonheur qu'elle est censée comporter [10].

Nées d'une aspiration de l'esprit, toutes les cultures historiques sont mortes dans les aspirations de la chair. Et la nôtre, jusqu'à présent, suit le cheminement traditionnel.

---

9. Ricœur, P., *L'Eglise vers l'avenir*, Cerf, 1969, p. 136. Ce renversement de valeurs, un coiffeur marsçillais l'exprimait à sa façon : *Le travail, c'est pas que ça me fatigue, mais alors, le temps qu'on perd . . . !*

10. Berdiaeff, N., *Le Sens de l'Histoire*, Aubier, p. 191.

# 4

# La décisive épreuve de la liberté

*Il est toujours difficile de faire des prophéties,
surtout quand elles concernent l'avenir.*

(Proverbe chinois)

A l'horizon de l'An 2000, un visage de l'homme se profile qu'on voudrait pouvoir cerner davantage. Mais comment ? A ce stade de nos réflexions, on a appris qu'il n'a guère changé depuis sa préhistoire ; on a appris en outre que, s'il veut survivre, il doit changer. Mais changera-t-il ? Ici, toutes les anticipations ou les prophéties se valent : c'est-à-dire qu'elles ne valent rien. La sagesse chinoise trouve ici son illustration par excellence : s'il est toujours difficile de prophétiser, quand il s'agit de l'avenir, à plus forte raison quand l'avenir de l'homme est en jeu. Car l'avenir de l'homme ne se détermine pas en fonction des seules prévisions socio-économiques : il se joue dans le cœur de l'homme lui-même. *Et le fond du cœur de l'homme*, nous dit l'Ecriture, est *impénétrable.*

Sans pourtant faire le prophète, on peut d'ores et déjà prévoir que, dans les prochaines décennies, l'homme devra jouer, sur une gamme inédite, le grand jeu de sa liberté ; prononcer un *oui* ou un *non* décisif à son destin, non seulement individuel, mais collectif. Ce pourrait être, pour lui, la décisive épreuve de sa liberté. Sans rien préjuger de l'issue de cette épreuve, nous essayons maintenant d'en esquisser la nouveauté et l'ampleur.

1. *Pour la première fois depuis sa création*

Partout dans la Bible, on peut voir l'homme au travail. La loi du travail, qui précède l'histoire de la chute, ne peut donc pas venir du péché, malgré le préjugé qu'on en ait souvent. Elle se rattache, au contraire, à la vocation initiale de l'homme, appelé au bonheur dès ici-bas :

> Yahvé Dieu prit l'homme et l'établit dans le jardin de l'Eden pour le cultiver et le garder [1].

Même sans culture ni envergure, les hommes qui travaillent sont ceux qui soutiennent la création [2]. Le même hymne qui chante le Dieu de la création célèbre aussi l'homme qui, au matin :

> sort pour son ouvrage, faire son travail jusqu'au soir [3].

Partout également, dans l'histoire, on peut voir l'homme au travail. Un travail sans doute sur lequel, manifestement, pèse maintenant une malédiction. Ce n'est pas seulement à la sueur de son front que l'humanité traditionnelle, sauf une infime minorité de privilégiés, a toujours gagné son pain quotidien : subsister a toujours été pour elle le souci, le cauchemar essentiel : le but, la trame de sa dure existence temporelle laquelle, comme de soi, en postulait une autre débouchant sur l'Eternel. Tels ont été les deux impératifs qui ont rivé ensemble et soutenu la millénaire humanité.

Ces deux impératifs, subsister et espérer, ont marqué l'humanité traditionnelle jusque dans ses fibres les plus profondes. Non seulement ses instincts et ses habitudes de vie, mais aussi sa psychologie intellectuelle et religieuse. Elle apprenait à connaître la réalité en éprouvant la résistance des choses ; la valeur de l'existence par le prix qu'elle devait y mettre. Elle apprenait même sa propre valeur humaine en se heurtant continuellement à ses limites.

L'humanité traditionnelle avait un but, à la fois terre à terre et transcendant. Sa liberté avait un objet. Elle

---

1. *Gn* 2, 15.
2. *Si* 38, 34.
3. *Ps 104*, 23.

pouvait, sans trop de mal, intégrer, dans son existence, le paradoxe liberté et loi, spontanéité et discipline, raison et instinct ; la tendresse et la rigueur, l'individuel et le social. Elle ne s'étonnait pas et s'accommodait, tant bien que mal, d'un monde et de réalités humaines parfois hostiles, et jamais à l'état idéal. Le champ de sa responsabilité, nous parlons toujours en termes sommaires, se limitait à répondre devant un tribunal : celui des hommes et celui de Dieu.

A l'homme d'aujourd'hui, cette vision du monde et de l'homme peut paraître un peu naïve et primitive. Mais au moins, c'était une vision. Elle a réussi, pendant des millénaires, à inspirer et soutenir une humanité laborieuse, démunie et souffrante. Or, cette vision s'est maintenant brisée. Moins préoccupée de sa subsistance quotidienne, mieux pourvue devant les coups du sort, l'humanité d'aujourd'hui n'a plus les impératifs d'autrefois et n'a pas appris encore à leur en susbtituer d'autres.

Pour la première fois, depuis sa création, elle se trouve face à face avec son problème essentiel : la liberté, pourquoi faire ? Quelles valeurs réelles trouver à l'existence ?

> Ainsi la science, en même temps qu'elle a déjà centuplé notre puissance, a bouleversé notre conception du monde et détruit nos valeurs.
> C'est un triomphe matériel ; et non seulement un échec, un désastre spirituel [4].

Les contraintes extérieures de la liberté continueront sans doute de se relâcher, mais en même temps, les contraintes *intérieures* menacent de peser lourd sur elle.

## 2. *Liberté nouvelle et nouvelles frustrations*

Toute attcinte à la liberté humaine s'appelle frustra-

---

4. Fourastié, J., *Lettre ouverte à quatre milliards d'hommes*, Ed. Albin Michel, 1970, p. 15.

tion. Depuis quelques années, beaucoup de gens, à leur insu, ont épousé le langage et l'idéologie marxistes de *frustrations*. Celles-ci s'identifient, dans leur esprit, à des conditions économico-sociales ; plus précisément aux relations entre l'ouvrier et le travail qu'il devait accomplir au bénéfice et sous la domination d'un autre. Selon la vision de Marx, il suffirait de changer ces conditions de travail, d'en abréger la durée pour que toute aliénation disparaisse, pour que l'homme retrouve sa liberté [5].

On voit de plus en plus tout ce qu'une telle idéologie a non seulement de discutable [6], mais de certainement partiel. En plus de cette contrainte bien précise, extérieure et objective, il y en a d'autres, pas nécessairement extérieures, mais aussi réelles et ruineuses de la liberté. Il y a, par exemple, la frustration-agression qui menace particulièrement ceux que ne menacent plus les contraintes extérieures. En celles-ci, on peut trouver une sorte de compensation, un exutoire de l'agressivité instinctive.

> S'il était possible de se livrer à des recherches à ce sujet, elles nous montreraient que bien des individus infantiles, au narcissisme extrême, n'ont mûri que lors-qu'ils se sont trouvés obligés de faire face à une déception ou à l'adversité [7].

Ce sont les plus pauvres et les plus démunis qui se suicident le moins, et le soldat, sur le champ de bataille, n'a guère l'idée de retourner son arme contre lui-même. Le fait est bien connu.

Il y a une agressivité et une aliénation qui menacent particulièrement toute société d'abondance et de loisirs, quel qu'en soit par ailleurs le système politique. Toute

---

5. Marx, K., *Manuscrit d'économie et de philosophie*, 1884.
6. Cette hypothèse contredit Freud lui-même selon qui les frustrations imposées par la réalité extérieure peuvent jouer un rôle utile, étant capables, *plus que n'importe quelle autre technique de vie, de lier l'individu plus étroitement à la réalité. Malaise dans la civilisation.*
7. Kahn, H., et Wiener, A.-J., *op. cit.*, p. 261.

contrainte économique et même sociale pourrait s'ame-
nuiser : on pourra tout libéraliser, y compris le vice et le
meurtre. Bien des vertus n'auraient plus d'importance :
sens du devoir, diligence, discipline et surtout renonce-
ment. On gardera peut-être certaines doctrines et pratiques religieuses traditionnelles, mais à condition de les
réinterpréter, de les séculariser de façon qu'elles n'entra-
vent aucunement le comportement général. Mais tout cela
débouche sur l'insignifiance, sur le non-sens, sur cette
sorte de malédiction qui pèse sur toute existence inutile
et qui provoque fatalement une situation de désespoir :

> On arrive donc à ce paradoxe : en demandant moins à
> l'individu, la société bénéficiant d'une technique forte-
> ment productrice diminuera peut-être les frustrations
> économiques, mais favorisera l'esprit d'agressivité [8].

Et c'est alors qu'apparaît le danger d'une contrainte
extérieure, autre que celle du travail et de la pauvreté,
mais autrement plus redoutable : les contrôles sociaux.

### 3. *Les contrôles sociaux*

Le pire qui pourrait arriver à l'homme de l'An 2000
nous semble le sort qui lui est réservé dans *Le Meilleur
des mondes*. Nous sommes ici, bien sûr, en plein roman
futuriste de science-fiction. L'homme, dans une société
d'abondance et de loisirs, y est heureux, disons parfaite-
ment heureux. Mais il a perdu et définitivement perdu la
bataille de sa liberté ; il n'a pas réussi à en traverser
l'épreuve. Tout être humain, avant d'entrer en société,
doit passer par un *Centre d'Incubation et de Conditionnement* :

> Et c'est là ... qu'est le secret du bonheur et de la ver-
> tu : aimer ce qu'on est obligé de faire. Tel est le but de

---

8. *Id. ibid.*, p. 262.

tout conditionnement : faire aimer aux gens la destina-
tion sociale à laquelle ils ne peuvent échapper [9].

Heureux ? tous ces gens le sont, *puisqu'ils obtiennent
ce qu'ils veulent, et ils ne veulent jamais ce qu'ils ne
peuvent obtenir.* Vertueux ? ils le sont également *puisqu'ils ne peuvent s'empêcher de se conduire comme ils
le doivent* [10].

Toutes ces anticipations romanesques peuvent nous
amuser. Mais elles cessent d'être amusantes quand on les
retrouve sous la plume des hommes de sciences les plus
sérieux :

> ... il pourrait devenir possible de contrôler les indivi-
> dus et même les masses, et de le faire discrètement et
> sans la coopération active des victimes [11].

Possibilité dont les chances s'accroissent de jour en
jour. L'image, popularisée par la science-fiction, d'un
ordinateur gigantesque, installé quelque part, en orbite,
dans un satellite artificiel, et qui coordonnerait, anime-
rait les activités humaines, à la façon d'un cerveau planétaire, cette image a beau nous faire peur, un savant écrit
néanmoins :

> On ne peut exclure cette éventualité : ... l'être humain
> à cent prises et six cents électrodes, commandé par un
> stimulateur transistorisé, porté peut-être en guise
> d'épingle au revers du veston par les hommes, ou en
> guise de broche par les femmes. Le programme de
> chaque individu serait déterminé à l'avance et conçu
> en fonction de certaines tâches à accomplir, mais pour-
> rait être modifiable sur–le–champ au moyen de signaux
> radiophoniques émis par des directeurs locaux (à
> soixante–quinze prises), eux–mêmes dirigés par des
> directeurs de district (à cinquante prises), eux–mêmes
> dirigés par des directeurs régionaux (à vingt–cinq pri-

9. Huxley, A., *Le meilleur des mondes*, Plon, pp. 49-50.
10. *Id. ibid.*, p. 370.
11. Krech, D., *loc. cit.*, pp. 3-7.

ses), eux–mêmes dirigés par un maître directeur (o prise), lequel, dans sa sagesse, dirigerait le comportement de chacun [12].

On obtient alors le scénario suivant : un maître directeur qui disposerait de la liberté de tous (0 prise) ; quelques directeurs sous-gradés qui en disposeraient partiellement (25%, 50% et 75%) ; enfin, une masse humaine qui n'aurait plus aucune liberté. L'un des grands problèmes qui se posera, et qui se pose déjà à la conscience humaine, est de savoir si la science a le droit d'aller jusque-là, même si elle en a le pouvoir [13]. Les récents remous de l'opinion publique au sujet de l'espionnage électronique marquent un premier sursaut de cette conscience.

Une telle hypothèse nous fait horreur et donne le frisson. Elle suppose que les hommes de l'An 2000 n'auront pas su traverser la décisive épreuve de leur liberté. Une supposition que personne d'entre nous n'ose croire rigoureuse ou convaincante.

### 4. *Nouvelles forces de libération*

Il est plus apaisant, et peut-être aussi plausible, de penser que, face à cette épreuve de sa liberté, l'homme de l'An 2000 finira par découvrir en lui de nouvelles forces de libération, et qu'à ce point de vue, nous en soyons encore au stade initial de notre hominisation.

Sans doute, la tendance actuelle, que nous avons décrite au chapitre précédent, ne s'interrompra pas, comme

---

12. Coughlan, R., dans *L'Homme futur, op. cit.*, p. 185. L'auteur se réfère ici, on l'a compris, à la fameuse méthode E.S.B. (*electrical stimulation of the brain*), encore à ses débuts, mais en plein essor. Sommairement, le principe est le suivant : planter un fil électrique dans une région donnée du cerveau, brancher le courant et ... regarder ce qui se passe.

13. *Je ne souhaite à personne de ma connaissance d'avoir à prendre de telles décisions,* a répondu un biologiste, Ramo, dans *Washington Post*, 31 octobre 1966.

par miracle. Elle entraînera, en conséquence, une séquelle d'événements qui pourraient, à la rigueur, provoquer la destruction de notre civilisation. Mais après une période d'anarchie, de chaos, de nihilisme et d'irrationalisme, il est possible que l'homme, tout à coup, *se souvienne*, comme au lendemain d'une nuit de frénésie. Qu'il se souvienne de cette image qu'il porte en lui, qui le relie par toutes ses fibres à l'Eternel, à l'Infini. Un peu comme ce Sauvage dont la tragique et sympathique histoire termine *Le Meilleur des mondes* :

> Stupéfié de *soma* (drogue), et épuisé par une frénésie prolongée de sensualité, le Sauvage était étendu, endormi, sur la bruyère. Le soleil était déjà haut dans le ciel quand il se réveilla. Il resta étendu, un moment, les yeux clignotants à la lumière dans une incompréhension de hibou ; puis tout à coup, il se souvint... de tout.
> Oh ! mon Dieu, mon Dieu ! Il se couvrit le visage de ses mains [14].

Il est permis d'imaginer qu'alors, pour la première fois et dans une option finale, l'homme se verra en face de sa totale liberté ; en demeure, par conséquent, de poser un acte totalement humain.

---

14. *Op. cit.*, p. 432

Quatrième Partie

# L'Église de l'An 2000

*Il nous manque des regards sur l'Eglise de demain.*

(Dubois-Dumée)

# 1

# Fin d'un certain christianisme

*Nous allons au-devant d'une époque totalement irréligieuse.*

(Bonhoeffer)

Une question que beaucoup se posent : « *Qu'est-ce qui se passe dans l'Eglise d'aujourd'hui et que se passera-t-il dans l'Eglise de demain ?* »

Un double phénomène attire d'abord notre attention : d'une part, le bouillonnement de forces spirituelles dans l'Eglise : le nombre ahurissant d'expériences tentées, d'opinions exprimées, d'enquêtes effectuées, de bonnes volontés à l'œuvre. D'autre part, le désarroi et l'inquiétude qui affectent un grand nombre de chrétiens : laïcs, religieux, prêtres, tous aux prises avec la même difficulté : celle de s'identifier, de savoir ce qu'ils sont.

Double phénomène qui pourrait peut-être nous orienter vers une réalité plus profonde qui s'opère dans l'Eglise : la *fin d'un certain christianisme* et le *commencement d'un autre.*

Assistons-nous présentement à la fin d'un *certain* christianisme ? Certains indices le laissent croire.

## 1. *L'éclipse du sentiment religieux*

Tout homme, on le sait, naît avec un sentiment religieux : un besoin instinctif et impérieux de croire en un Etre supérieur, une puissance qui supplée aux forces de l'intelligence et du cœur, leur fournit des certitudes, des réponses et des sécurités qu'ils ne trouvent pas ailleurs.

C'est pourquoi la croyance en une divinité quelconque est une constante de toutes les civilisations passées. Certaines d'entre elles, disait Cicéron, ont pu subsister sans avoir de villes ni de remparts, sans loi, sans monnaie et sans écriture :

> ... mais un peuple sans Dieu, sans prière, sans pratiques religieuses et sans sacrifices, personne n'en a jamais vu [1].

On n'en a jamais vu, mais en verra-t-on jamais ? Ne sommes-nous pas en train d'en voir ? En entrant dans le monde de l'An 2000, que nous avons esquissé précédemment, nous allons au-devant d'une situation historique inédite. On entre dans un monde où, dirait-on, le fait religieux n'a plus de place, un monde qui peut se passer allégrement de Dieu, du Dieu de toutes les grandes religions historiques dont l'assise principale a toujours été l'instinct religieux. Ce monde, en effet, trouve en lui-même ses propres projets et les moyens de les réaliser. Il trouve ou compte trouver, en lui-même, les réponses à ses propres questions, l'apaisement à ses angoisses, celles de sa vie et celles de sa mort. Un monde où Dieu n'aurait plus rien à dire, rien à faire et dont le Nom seul évoquerait un retour aux âges passés.

Certains sont d'avis que nous allons vers un monde où la religion, ainsi entendue, n'aura plus de place :

> Nous allons au-devant d'une époque totalement irréligieuse ; tels qu'ils sont, les hommes ne peuvent tout simplement plus être religieux [2].

Celui qui parlait ainsi, prisonnier et ensuite martyr de la Gestapo, ne se faisait pas illusion sur la nature humaine. Il n'entendait nullement exalter l'homme irréligieux comme une réussite. Il prenait tout simplement

---

1. Cicéron, Plutarque, *Contre Colotès*, c. 31.
2. Bonho ffer, D., *Résistance et Soumission*, Labor et Fides, Genève, 1963, pp. 120-123.

acte d'un fait qui, à ses yeux, devenait une évidence.

Un fait, au surplus, qui paraît s'inscrire dans une sorte de logique de l'évolution culturelle. Dans la longue histoire de l'homme *religieux*, on peut, sommairement, distinguer trois étapes. Dans la première, que Harvey Cox appelle *tribale*, le fait religieux tenait lieu de culture. Il commandait toutes les manifestations de la tribu ; intégré en elle, absorbé par elle, l'individu ne pouvait échapper à une religion collective, avec ses croyances et ses pratiques propres. Dans une seconde étape, le fait culturel est apparu à côté du fait religieux ; sans s'y substituer encore ; à partir de ce moment, une dissociation se crée entre l'un et l'autre : on pouvait se cultiver sans référence à une quelconque religion. De la dissocation à la tension, la distance était courte et elle fut vite franchie. Ce fut, pendant des siècles, le dualisme science-religion. Le fait religieux devient de moins en moins un phénomène de masse ; il tend de plus en plus à s'individualiser, à se personnaliser, à mesure qu'il échappe aux impératifs de la tribu.

La troisième étape, dans laquelle nous entrons et qui marquera certainement l'avenir, est celle de l'homme technique et cosmopolite, l'âge du citoyen universel, profane et pragmatique. Un esprit expérimental le domine qui le polarise vers le phénomène dont les lois, et par conséquent la maîtrise, lui échappent de moins en moins. Alors que l'esprit *religieux* sacralise les phénomènes, l'esprit expérimental, par sa nature même, les désacralise. La religion était utile quand il s'agissait d'exorciser les phénomènes ; elle devient inutile quand la science prouve qu'ils ne sont pas *saturés de démons*.

Cette triple étape correspond exactement à une longue marche historique vers l'autonomie humaine, à une découverte progressive des lois selon lesquelles le monde vit et se suffit à lui-même dans les domaines de la science, de la vie sociale et politique, de l'art et de l'éthique. En d'autres mots, l'homme apprend de plus en plus à trouver une réponse à ses questions sans faire appel à l'*hypothèse Dieu*. Cette hypothèse recule à mesure que l'homme défabulise les phénomènes de la nature et les événements de l'histoire. A chaque conquête de la science, c'est l'Olympe qui se vide.

A ce point de vue, il est juste de dire que Dieu continue de créer l'homme à la façon des océans qui ont créé les continents : en se retirant.

Cette éclipse du sentiment religieux, loin de se dissiper, devrait normalement s'obscurcir encore puisqu'elle s'inscrit comme une sorte de logique dans l'évolution culturelle de l'homme. Elle expose, elle condamne à une mort plus ou moins lointaine toute religion qui se fonde sur le sentiment religieux. Elle marque la fin d'un certain christianisme.

### 2. *La fin du christianisme conventionnel*

#### A. *Ce qu'est un christianisme conventionnel*

En décrivant ici le christianisme conventionnel, nous n'avons nullement l'intention de mettre en procès les chrétiens des âges passés, ceux nommément, et ils sont nombreux, qui ont su vivre et mourir dans la fidélité à un Evangile qu'ils avaient accepté librement et pris au sérieux. Nous ne prétendons même pas, même si notre analyse peut paraître dure, faire le procès du christianisme conventionnel. Il répondait à une situation historique bien caractérisée, avec ses contingences ambivalentes. Nous le décrivons simplement pour montrer qu'il ne répond plus à la situation historique actuelle et future et que nous devons accepter, sans regret, qu'il meure.

Le christianisme devient conventionnel dans la mesure où il emprunte des éléments propres à toute religion. Cinq éléments en particulier :

a. Comme toute convention, il se présente et se comporte comme un fait social indiscuté, un phénomène de masse qui fait partie du paysage existentiel, à la façon de

tout autre fait social. On est chrétien comme on est canadien, parce que, conventionnellement, on a décidé d'appeler *canadiens* les habitants de telle partie de l'Amérique du Nord. On accepte d'une manière toute naturelle,
sans réfléchir et sans poser de questions, tout ce qui y
est enseigné et prescrit, pourvu que soit assuré à l'existence un sentiment de tranquillité, de sécurité et de pros-
prérité spirituelle.

b. Le christianisme conventionnel se heurte ainsi fatalement à un danger : celui de se fonder sur l'instinct
religieux de l'homme, de répondre à un besoin que d'autres religions peuvent combler. On est chrétien, mais on
pourrait tout autant être témoin de Jéhovah, ou bouddhis-
te : entre le Christ et Confucius, le cœur balance.

Depuis des siècles, le christianisme a pu compter avec
l'a priori religieux de l'homme. A l'image de la société où
il a toujours évolué, dans un monde conventionnellement
religieux, il a pu, insensiblement, développer une mentalité, des habitudes et des croyances religieuses conven-
tionnelles. Il a même pu, parfois, se former l'image d'un
Dieu conventionnel qui ne recoupait pas toujours celle
du Dieu de la Bible.

Depuis toujours, et plus on remonte à ses origines,
l'homme s'est toujours senti menacé, terrorisé. Pour con-
jurer sa frayeur, il s'inventait des dieux. De plus, il a toujours eu le sentiment de sa culpabilité et la soif de rache-
ter sa faute. Toutes les croyances religieuses ont, de tout
temps, reflété chez l'homme son état de créature déchue.
Et quand le christianisme ne fait que relayer ce sentiment, il est conventionnel.

c. Il y a ainsi *une foi conventionnelle* qui s'apparente
à une simple adhésion à un credo et à une Eglise qui le
propose et l'impose d'autorité. Puisque, d'un commun
accord, le salut est à ce prix, on veut bien y mettre le
prix et on estime professer sa foi et sa fidélité à l'Eglise,
alors que l'on ne professe que des croyances. Plus sou-
cieuse de conformité que d'authenticité, la foi conven-

tionnelle n'est jamais le résultat d'un cheminement intérieur personnel, parfois douloureux, toujours long. La
foi chrétienne authentique ne peut jamais être conventionnelle, parce qu'elle passe toujours par l'expérience
approfondie de la condition humaine, la sienne et celle
des autres. La foi conventionnelle crée des adeptes, alors
que la foi authentique crée des disciples. Un disciple se
met librement, joyeusement à la suite du Christ parce
qu'il a découvert personnellement ce que le Christ représente pour lui : le nouvel Adam venu poursuivre la création, l'amener à son achèvement. Celui qui, par conséquent, attend de l'homme, non la crainte, non la soumission de l'esclave, mais des actes créateurs libres. L'adep-
te, au contraire, attend plutôt de sa foi une sécurité, temporelle et éternelle. La conception qu'il en a le conduit à
une sorte d'*égoïsme transcendant* [3].

d. Il y a également *une morale conventionnelle* : celle
que les hommes de tout temps et de toute religion ont
convenu d'observer dans une société civilisée. Une morale toute humaine, qui n'a de chrétien que le nom et qui
se meut toujours en fonction d'une loi, se mesure toujours en termes d'observance ou de désobéissance à une
loi. Que cette loi soit celle du Décalogue ne change rien
à l'affaire. L'esprit juridique et légaliste qui inspire et
commande la morale conventionnelle moralise tout, y
compris l'Evangile, qui devient un code d'éthique supérieure, et rien de plus.

D'ailleurs la morale conventionnelle, insidieusement
et souvent inconsciemment, est sélective ; elle met l'accent sur les *vertus* les plus rentables devant l'opinion
publique. Elle fait, au sixième commandement, une place
exorbitante sinon exclusive. Au point que vie morale
s'identifie parfois à vie sexuelle et que la mesure d'un
chrétien se prend en seule référence avec sa *vie morale*
ainsi entendue. En dehors du péché de la *chair*, quel

---

3. Berdiaeff, N., *Vérité et Révélation*, Delachaux et Niestlé, 1954,
p. 132.

péché y a-t-il ? Il y a bien la justice qui entre encore dans le comportement du chrétien conventionnel, puisque le voleur, face à l'opinion publique, n'a guère meilleure presse que le fornicateur. Mais une justice étriquée, contrefaite, qui ne donne que ce qui est strictement exigé en droit et ignore le sens du geste gratuit. Ce sens de la justice règle même le comportement avec Dieu : tout devient l'accomplissement d'un devoir, y compris la participation au culte dominical que, par une dégénérescence des mots et des mentalités, on appelle habituellement le précepte dominical.

Une telle justice, qui s'embourgeoise facilement, n'entend guère la clameur des pauvres et des opprimés :

> Un des traits les plus étonnants de la morale du christianisme conventionnel a toujours été l'absence complète du sentiment social. Il faut se réjouir du réveil actuel de ce sentiment. Mais il s'est manifesté bien tard chez les chrétiens. Il n'est même apparu, très souvent, que sous la pression de l'extérieur, c'est-à-dire des régions, des races, des classes, des minorités religieuses et sociales qui étaient opprimées, exploitées, rejetées et persécutées [4].

Il faut avoir le courage de le dire : par la logique de leur justice à eux, les peuples chrétiens ont colonisé le monde entier et pendant que d'une main, ils donnaient l'Evangile, ils s'enrichissaient de l'autre.

Trop proche de la morale des Pharisiens, la morale conventionnelle ne peut pas ne pas être pharisaïque.

e. Il y a eu, enfin, *un Dieu conventionnel.*

On connaît la boutade de J.-C. Barreau à l'adresse d'André Frossard qui, dans une récente autobiographie, raconte comment il a *rencontré Dieu* [5] :

---

4. Van de Pol, W.-H., *La fin du christianisme conventionnel*, Ed. du Centurion, 1968, p. 70.
5. Frossard, A., *Dieu existe, je l'ai rencontré.*

> Moi aussi je l'ai rencontré, seulement ce n'était pas le même [6].

A l'intérieur d'une religion donnée, à l'intérieur même d'un christianisme conventionnel, le Dieu que l'on rencontre n'est pas toujours le même. Produit d'une imagination qui défaille ou d'un instinct religieux qui délire, il y a presque autant de visages de Dieu que de croyants. On projette sur Lui, tout en prenant soin de les hisser au niveau transcendental, les traits de son propre visage, et bizarrerie inexplicable, les traits souvent les moins humains :

> Nous devons admettre, une fois pour toutes, que toutes les anciennes croyances religieuses et toutes nos idées sur Dieu ont exprimé la cruauté inhérente de l'homme [7].

Ce qu'il y a de meilleur en l'homme manifeste le divin. Et c'est en relevant ce qu'il y a de divin en lui qu'on peut juger de ce qu'il y a d'humain en Dieu. Un tel langage, bien sûr, est un anthropomorphisme, mais le véritable anthropomorphisme de la Bible est le seul qui peut rejoindre le mystère d'un Dieu fait homme. Ce qu'il y a de proprement humain en nous, voilà le divin !

Mais le christianisme conventionnel a trop facilement reflété le visage donné d'une époque donnée. Né dans un climat de juridisme, de légalisme, d'autoritarisme et même de terrorisme politique et moral, il s'est formé l'image d'un Dieu justicier et farouche : une sorte d'empereur romain transcendental. Il fallait que ce Dieu, proclamé, en principe, infiniment bon et secourable, il fallait que, par tous les moyens, il ait raison de l'homme, qu'il le soumette ou qu'il le brise. Il lui fallait des masses dociles, respectueuses de l'ordre établi, où l'obéissance tenait lieu de créativité. Un Dieu responsable de tout ce qui arrive dans le monde, y compris les catastrophes, et qu'on s'efforçait de désarmer par la prière et la péniten-

---

6. Barreau, J.-C., *Qui est Dieu*, Ed. du Seuil, 1970.
7. Berdiaeff, N., *op. cit.*, p. 128.

ce. Garant de l'ordre moral, il en était aussi le gendarme. Il répondait de tout ; il répondait à tout, y compris les questions que la science ne pouvait expliquer.

Les conjonctures historiques ont certainement contribué à cette caricature de Dieu, mais les théologiens y ont contribué également. Ceux qui avaient pour mission et spécialité de dégager le vrai visage du Dieu révélé n'ont parfois que rationalisé l'image du christianisme conventionnel. Non seulement l'ont-ils justifiée et consacrée, mais avec une logique d'ailleurs impeccable, ils l'ont poussée jusqu'à ses conséquences extrêmes, jusqu'à l'impasse.

Qu'on se rappelle seulement le mal qu'ils ont eu à ne pas damner les enfants morts sans baptême ! Le mal qu'ils ont eu surtout à admettre que ces êtres innocents que le Christ a tant aimés puissent être sauvés ! On s'accommodait, tant bien que mal, à l'idée d'un Dieu qui, pendant une éternité, torturait les enfants. Qu'on se rappelle encore l'insistance qu'on a mise sur l'aspect judiciaire et pénal du christianisme. Celui-ci pouvait, à la fin, paraître comme un *procès* que Dieu intentait à l'homme pécheur. Le mystère de la Rédemption, ce centre du christianisme, était souvent présenté avec un vocabulaire et dans un décor uniquement juridique et pénal : un rachat, une rançon, en retour d'une dette acquittée [8].

Le christianisme, un procès et un procès toujours problématique. On ne savait pas trop s'il n'était pas perdu d'avance et si la sentence n'avait pas été prononcée avant même l'instruction des procédures. C'était le problème de la prédestination sur laquelle, pendant des siècles, la théologie s'est appesantie. Ici, on s'accommodait, tant bien que mal, à l'idée d'un Dieu qui, de toute éternité, aurait décidé de condamner un homme à une éternité de tortures.

Cette image de Dieu, on l'a projetée sur ceux en qui

---

8. Ce vocabulaire, on le sait, ne se retrouve pas dans l'Evangile, du moins sous cette forme. Saint Paul l'a inventé pour mettre en relief la surabondance de la Rédemption. Comme toute analogie, il témoigne des limites du langage.

on reconnaissait ses représentants officiels sur la terre : les prêtres, le pape. On en a fait un objet de culte presque superstitieux : il y a eu une dévotion aux prêtres, une dévotion au pape. Issus tout droits d'un Dieu Jupiter, ils participaient à son omniscience, à son omnipuissance et parfois aussi à son despotisme. Le christianisme conventionnel, avec une telle image de Dieu, débouchait fatalement sur une Eglise cléricale.

### B. *Feu le christianisme conventionnel*

Plus personne ne se passionne aujourd'hui pour cette image de Dieu. Le monde moderne s'en détourne et s'en détournera de plus en plus avec horreur, et qui pourrait s'en scandaliser ? Mais avec la mort du christianisme conventionnel, ce Dieu conventionnel est mort également. Au fond, beaucoup de nouveaux athées ne sont que des athées anciens qui s'ignoraient. La vague d'athéisme qui sévit présentement ne fait que nous apporter les débris d'une conscience religieuse qui s'est effritée et qui devait fatalement s'effriter.

On parle volontiers aujourd'hui de la *mort de Dieu* dont on a déjà fait l'autopsie sociothéologique. Une autopsie où les intuitions profondes et réalistes se mêlent souvent aux métaphores et aux paradoxes et qui, pour cette raison, a pu soulever des protestations scandalisées.

Ces théologiens de la mort de Dieu, ces apôtres d'un christianisme *irréligieux* ont pourtant le mérite de se placer devant une situation très réelle et d'essayer d'en cerner la signification. Ils n'annoncent pas la mort du christianisme, mais d'un *certain* christianisme, non la mort du vrai Dieu, dont le Christ nous a révélé le Nom, mais la mort d'un *certain* Dieu. Même si le nouveau Dieu, celui d'un monde sécularisé et technique, n'est pas encore né, même s'il risque, lui aussi, de se voir affublé d'une image aussi caricaturale que l'ancienne, il reste que le Dieu ancien, celui qu'a pu adorer parfois le christianisme conventionnel, ce Dieu-là est bien mort.

Dans un monde qui se sécularise, qui accède de plus en plus à la majorité, qui croit de plus en plus à la liberté, où l'instinct critique a remplacé l'instinct religieux, le christianisme conventionnel n'a plus sa place. Il a pu convenir à un contexte culturel différent : il ne convient plus à celui d'aujourd'hui.

Le contexte social a contribué, lui aussi, à tuer le christianisme conventionnel. Le phénomène de l'urbanisation permet maintenant à quiconque de vivre dans l'anonymat. Harvey Cox y voit *la délivrance de la Loi* [9] et une valeur éminemment évangélique. Sans pousser aussi loin l'optimisme, on peut y voir au moins la délivrance des conventions religieuses qu'on a appelées justement une puissance d'altéro-direction. Un lien s'est rompu qui rattachait inconditionnellement le chrétien aux conventions héritées du passé.

Face à Dieu, face à l'Evangile, l'homme d'aujourd'hui est laissé à sa liberté, à sa responsabilité. Il l'accepte ou il le refuse, mais rien ni personne ne saurait le faire à sa place. Il en résulte, bien sûr, que nos églises se vident. Mais rappelons-nous qu'elles se remplissaient à l'époque de Constantin, à cette époque précisément où le christianisme conventionnel avait force de loi. Les églises se remplissaient, mais de demi-païens qui accomplissaient des gestes chrétiens. Or

l'Eglise est plus forte avec cinquante fidèles qui prient dans une grange qu'avec mille personnes qui écoutent de la belle musique dans une cathédrale [10].

C'est la fin d'un certain christianisme. Déjà en 1950, Mounier en discernait les sursauts moribonds :

---

9. Cox, H., *La Cité séculière*, Casterman, 1968, p. 74.
10. Leclercq, G., *Evolution dans l'Eglise, Revue Nouvelle*, 15 mars 1963, p. 245.

La chrétienté, dans sa paix de surface, est affrontée aujourd'hui au plus redoutable des drames où elle ait été encore engagée. Le christianisme n'est pas menacé d'hérésie : il ne passionne plus assez pour cela. Il est menacé d'une sorte d'apostasie silencieuse faite de l'indifférence environnante et de sa propre distraction. Ces signes ne trompent pas : la mort approche. Non pas la mort du christianisme, mais la mort de la chrétienté occidentale, féodale et bourgeoise [11].

Un dilemme décisif se pose : ou bien un nouveau christianisme ou bien plus de christianisme du tout.

---

11. Mounier, E., *Feu la chrétienté, Oeuvres,* Ed. du Seuil, 1950, t. III, p. 542.

# ...et le commencement d'un autre

*Dieu a fait l'homme comme la mer a fait les
continents, en se retirant.*

(Hölderlin)

En même temps qu'un certain christianisme est en
train de mourir, un autre est en train de naître. Au premier regard, on perçoit plus aisément la mort du premier que la naissance du second. Mais, en fait, les deux
événements se compénètrent tellement, ils sont, l'un et
l'autre, tellement liés, tellement coextensifs que l'un ne
peut se percevoir sans l'autre. Dans et à travers celui qui
meurt, on peut deviner un peu celui qui naît, de même
que ce dernier porte encore des traces évidentes de celui
qui meurt.

L'Eglise ressemble à un grain de blé qui pourrit en
terre. Obscurément, dérisoirement, la Vie pourtant continue de s'y agiter, de s'y élaborer, laissant présager déjà
les grandes lignes de l'avenir du christianisme.

## 1. *L'Eglise actuelle : un grain de blé qui meurt*

Barreau voit, dans l'Eglise actuelle, une banquise qui
s'écroule, mais au-dessous de laquelle passent des cou-
rants d'eau vive, des torrents de vraie foi.

> Je pense que la banquise va s'écrouler. Vatican II en a
> déjà fait fondre une partie. Mais à la fin du XXe siècle,
> la vie religieuse renaîtra. Le Dieu récupéré par l'Eglise,

comme disent les gauchistes, ou le *Dieu de Jupiter* est mort. Le vrai Dieu sera enfin reconnu [1].

Il n'est pas le seul à croire que le nouveau christianisme renaîtra le jour où l'Eglise se sera effondrée et que, pour sauver la foi, comme disait un prêtre fort zélé devant la Commission Dumont, il faut d'abord détruire l'Eglise. Un tel jugement comporte une bonne part de vérité enveloppée dans une bonne part de littérature émotive. Il suppose, en effet, que le christianisme conventionnel, dont tout le monde s'accorde à présager la mort prochaine et que personne ne regrettera, il suppose que ce christianisme n'a jamais produit de chrétiens authentiques ; des gens de toute condition qui, à travers l'institution ecclésiale existante et malgré elle, ont su accéder à la vraie foi, découvrir le vrai Dieu de la Bible et en vivre vraiment. Une telle prétention serait de la mauvaise foi ou de la naïveté historique.

L'Eglise, une banquise qui s'écroule ? La comparaison a le mérite de traduire bellement une vision de la situation actuelle. Mais une vision superficielle, une prise de conscience épiphénoménale de la réalité. Au lieu d'une banquise qui s'écroule, on pourrait aussi bien voir, dans l'Eglise actuelle, un grain de blé qui meurt. Oui, l'Eglise meurt. Elle meurt non seulement dans le cœur et l'esprit de nombreux chrétiens, mais elle meurt dans ses institutions, dans ses structures, dans ses espérances temporelles. Pour le nier, il ne faudrait pas avoir d'oreilles pour entendre ses craquements et ses gémissements, ni cette élémentaire sensibilité qui fait deviner les souffrances des autres par le biais des siennes propres.

L'Eglise meurt, mais à la façon d'un grain de blé. Elle est devenue *ce quelque chose qui n'a plus de nom en aucune langue* : ni un simple détritus ni un être qui vit organiquement. Un mélange indéfinissable où des éléments pourrissent dans une masse qui pourtant remue et bouge. Si le grain de blé pouvait parler, il nous racon-

---

1. Barreau, J.-C., *Qui est Dieu*, Ed. du Seuil, 1972.

terait à peu près l'histoire de l'Eglise d'aujourd'hui et
de demain. Jeté là en terre, dans un champ dont les
bornes reculent chaque jour, et un champ de plus en
plus productif, qui se cultive autour de lui et sans lui,
sous la menace constante d'éléments plus vivaces que
lui, et qui, par la loi de leur dynamisme, tendent à occuper tout l'espace, le grain de blé pourrait se dire :
*Qu'est-ce que je fais ici ?* Comme l'Eglise pourrait
s'écrier :

> Mon Dieu, pourquoi abandonnes–tu toujours ce monde[2] ?

Qui a jamais raconté l'histoire d'un grain de blé ?
Qui a jamais élucidé le mystère qui s'y joue ? Quand un
grain de blé meurt, qu'est-ce qui ne meurt pas et lui permet de renaître ?

Ce drame que vit l'Eglise aujourd'hui, elle l'a déjà
vécu, bien sûr, mais jamais, croyons-nous, avec une telle
intensité. En quittant la défroque de son conservatisme
séculaire, l'Eglise est appelée à mourir en profondeur
pour renaître aussi en profondeur. Mais les signes de
cette renaissance ne se laissent pas facilement identifier.
Le nouveau christianisme n'arrivera sans doute pas par
les issues logiques, pratiques que nous lui ouvrons si
généreusement :

> Peut–être sommes–nous déjà dans l'ombre qui précède
> l'avènement de ce retournement. Quand et comment il
> pourra se produire, personne ne le sait. Et il n'est
> même pas nécessaire de le savoir. Un savoir de cette
> sorte serait la chose la plus désastreuse pour l'homme,
> car son essence est d'être celui-qui–attend, qui attend
> l'essence de l'être en veillant par la pensée. Seul l'hom-
> me qui, tel le gardien de l'être, attend la vérité de l'être,
> peut espérer un avènement du destin de l'être sans
> tomber dans le pur vouloir savoir[3].

---

2. Dans le célèbre drame : *Sur la terre comme au ciel.*
3. Heidegger, M., *Die Technik und die Kehre*, Neske, Pfullingen,
   1962, p. 40.

Tous ceux qui, dans l'Eglise ou en dehors d'elle, vivent actuellement ce temps d'angoisse et de recherche méritent le respect. Mais peut-être faut-il se méfier de tous ceux qui, à force de vouloir savoir prétendent avoir trouvé. Pourquoi ne pas le dire franchement : l'Eglise vit et vivra encore sans doute un âge crépusculaire : à côté, à travers chaque rayon de lumière, on peut remarquer une tache d'ombre.

## 2. *La rumeur de Dieu*

Il n'y a pas si longtemps, un magazine populaire annonçait en primeur, le retour de Dieu : *Dieu revient !* cependant qu'un autre décrivait ce qu'il appelait *l'escalade de la croyance.* On entend des reporters sérieux soutenir sérieusement que *la religion est en train de devenir une mode ... à Moscou* [4]. C'est que deux jeunes membres des jeunesses communistes viennent de se marier avec éclat à la cathédrale de Saint-Vladimir de Kiev ; ou qu'on a découvert qu'un étudiant des classes terminales, féru de Marx et de Engels, se déclare croyant ; ou que l'icône est devenue un « hobby » même chez des militants notoires, etc. Nombre de jeunes fréquentent les églises pour y trouver, disent-ils, la paix et la tranquillité d'esprit qu'il est difficile aujourd'hui de trouver ailleurs, pour écouter des chœurs et des chants religieux, et même des sermons. L'un d'eux écrit :

> Assez parlé de l'homme. Il est temps de penser à Dieu... C'est le plus énorme, l'unique phénomène au monde. A part cela, il n'y a rien [5].

Lorsqu'on prête une oreille attentive, il est facile d'en-

4. *La Croix*, Paris, 6 novembre 1970.
5. Siniavski, A., *Pensées impromptues*, Christian Bourgeois éditeur, 1968, pp. 51, 101.

tendre monter, de partout, une sourde rumeur de Dieu [6].

Il y a toujours quelque chose de confus dans une rumeur : une voix qui ne formule rien de précis, mais qui s'exprime quand même : une présence attentive et agissante, aussi irréfutable qu'indéfinissable.

Le Concile Vatican II avait rappelé une des grandes lois du dynamisme historique de l'Eglise :

> Il n'est pas rare que l'action de l'Esprit Saint prévienne l'action de ceux à qui il appartient de gouverner l'Eglise [7].

Il voyait même déjà une

> action manifeste de l'Esprit Saint qui rend aujourd'hui les laïcs de plus en plus conscients de leur propre responsabilité et les incite partout à servir le Christ et l'Eglise [8].

Le nouveau christianisme, même s'il doit toujours, en définitive, être guidé par l'Eglise hiérarchique, ne trouvera pas nécessairement son origine en elle, ni dans ses prêtres, ni dans ses théologiens. Les personnes-ressources de ce nouveau christianisme seront sans doute celles qui n'en portent ni le nom ni la prétention. Des personnes qui, dans l'intime d'elles-mêmes, peut-être même en dehors de l'Eglise officielle, auront perçu cette *rumeur de Dieu* :

> Les eaux te virent, ô mon Dieu,
> les eaux te virent et se troublèrent,
> l'abîme lui-même frémissait ;
> . . . . . . .
> Le tonnerre de ta voix retentit,
> tes éclairs illuminaient le monde,
> la terre frémissait et tremblait ;

---

6. **On vient d'en faire un recueil et une analyse, Berger, P., *La rumeur de Dieu, Signes actuels du surnaturel*, Paris, le Centurion, 1972.
7. *Ad gentes*, n. 29.
8. *Apostolat des laïcs*, no 1.

> ta route passait sur la mer,
> tes chemins, sur les eaux profondes,
> et la trace en demeure inconnue [9].

Rien d'étonnant que le nouveau christianisme passe par une nouvelle Genèse, cet état chaotique où tout est *vague et vide,* où les ténèbres couvrent l'abîme, mais où *plane l'Esprit de Dieu.*

A ce propos, qui oserait prendre à la légère cette espèce de révolution que le Christ a déclenchée chez nombre de jeunes du monde entier, et en particulier chez ceux que l'usage de la drogue avait conduits au bord du suicide ? Un Christ mythique, un Christ superstar, dira-t-on ? Un Christ peut-être aussi proche du Dieu Vivant que celui de nombre de chrétiens. Un Christ, en tout cas, qui n'a pas jailli d'un enseignement, ni d'une théorie, mais d'une histoire personnelle, de l'expérience de la vie d'aujourd'hui ; un Christ qui est ouverture à autrui, dialogue vrai, gratuité et parfois même engagement. *Dieu se dissimule comme le loup,* écrivait un poète [10].

Qui oserait prendre à la légère ce bizarre phénomène qu'on a coiffé d'un nom également bizarre : le *Mouvement Pentecôtiste ?* et qui ressemble plutôt à un renouveau charismatique, une sorte d'irruption de l'Esprit au milieu de l'Eglise. Depuis ses débuts, en 1967, il s'est répandu parmi les fidèles de l'Eglise catholique et à un rythme tel que, en 1969, les Evêques américains met-

---

9. *Ps* 77, 17-20.
10. La *Jesus Revolution,* née sur les plages de la Californie, il y a quelques années, comporte plusieurs branches, ou catégories. La plus radicale, et la plus institutionnalisée, s'appelle les *Enfants de Dieu.* Ils sont plusieurs milliers, répartis sur les cinq continents, dont l'Amérique du Nord et nommément le Québec. Ces jeunes, réunis en communes, passent plusieurs heures chaque jour à l'étude de la Bible, dont ils mémorisent des versets qu'ils iront ensuite jeter à la face des passants, avec des messages comme celui-ci : *Vous êtes un bébé ... Le salut est une chose simple ! Tout ce que vous avez à faire est de recevoir Jésus, le Fils de Dieu, comme votre Sauveur ! Vous pouvez le faire maintenant, si vous vou-*

taient sur pied un Comité chargé d'en examiner les orientations et les attitudes. Dans son rapport, le Comité n'admet pas seulement la légitimité théologique de ce Mouvement, mais en quelque sorte, sa force irrépressible :

> Il serait très difficile de vouloir supprimer ou comprimer l'Action de l'Esprit Saint qui se manifeste d'une façon si abondante comme dans l'Eglise primitive.

Il reconnaît même les fruits d'un authentique christianisme qu'il a produits :

> Il existe une multitude d'indications que cette participation amène ceux-ci à mieux comprendre quel rôle le chrétien doit jouer dans l'Eglise. Plusieurs ont fait l'expérience d'un progrès spirituel remarquable dans leur vie chrétienne. Ils sont attirés par les Saintes Ecritures qu'ils lisent quotidiennement et manifestent une compréhension beaucoup plus profonde de leur foi.

Et tout en exprimant quelques prudentes réserves, et en particulier le danger de substituer l'expérience religieus à la doctrine de la foi, le Comité est d'avis que :

> ce mouvement ne devrait pas, à l'heure actuelle, être interdit, mais bien plutôt encouragé à se développer [11].

---

*lez une réponse divine à tous vos problèmes ... Il comblera tous vos besoins et résoudra tous vos problèmes ... N'est-ce pas merveilleux ? N'est-ce pas simple ? Pourquoi ne pas essayer ?*

Chaque colonie est autonome, mais les Enfants de Dieu vivent en solidarité internationale. Ils possèdent un bulletin intercontinental : le *New Nation News*. Certains affichent un radicalisme qui étonne et inquiète, par exemple : porter un sac de cendre sur les épaules pour donner plus d'éloquence à leurs appels à la conversion. L'un d'eux nous confiait : « *Mes parents me pensent fou ... Mais le Christ nous en a prévenus ... Le Christ, vous savez, il est fort ... ».*

11. On trouvera une traduction française de ce texte dans le Bulletin Catholique d'Information *Vers l'Unité Chrétienne*, no 9 (227), XXIIIe année, oct.-nov., 1970.

Pour sa part, un évêque canadien que personne ne saurait soupçonner d'intégrisme, porte le jugement suivant :

> Tout récemment, en Nouvelle–Orléans, je faisais ma première expérience avec les Pentecôtistes. Ce nom m'avait porté à croire qu'il s'agissait d'un petit groupe de marginaux sans grande importance qui ne méritait pas notre attention. Or, ce que j'y découvre, ce sont des personnes qui se servent des Ecritures saintes avec l'inspiration et sous la mouvance du Saint–Esprit lui-même, pour développer un sens profond de la présence de Dieu et de son action efficace dans leurs vies. Loin d'influencer ces personnes à quitter l'Eglise ou à s'y désintéresser, elles–mêmes déclarent comment ce renouveau les a aidées à devenir de meilleurs catholiques...
>
> Combien plus précieux et constructif, ce renouveau spirituel, à comparer à cette constante introversion psychologique à laquelle s'adonnent tellement de nos prêtres et de nos fidèles... L'aurore d'une ère spirituelle pointe à l'horizon de l'Eglise et un jour nouveau est sur le point d'éclater [12].

Pendant longtemps, l'Esprit a été, dans l'Eglise, un objet d'enseignement plus que d'expérience. On en a fait la théologie, et par là on lui a trouvé une place dans les manuels ; mais dans la vie de l'Eglise, dans la vie concrète des chrétiens, il fut souvent le grand oublié. Il semble se venger de ce long silence auquel on l'a réduit. Dans la primitive Eglise, au contraire, on vivait de l'Esprit avant d'en disserter. En Lui, au lendemain de la Résurrection, on a découvert la force agissante du Ressuscité qui a permis aux disciples de s'engager dans le monde et de donner Dieu aux hommes. Ils avaient la conviction que le règne de l'Esprit était réservé au temps de l'Eglise, aux derniers temps.

L'avenir de l'Eglise, il ne fait aucun doute, appartient à l'Esprit et à tous ceux, et à ceux-là seuls, que son souf-

---

12. Carter, C. E., Mgr, *lettre pastorale du 20 mars 1970*.

fle touchera. Gens peut-être obscurs et simples mais qui, capables d'une certaine intériorité, auront su s'arracher à la fascination de la bagatelle et se mettre à l'écoute de l'Esprit. Le Visage du Ressuscité se révélera à eux. Le nouveau christianisme, qui marquera les derniers temps de l'Eglise, évoquera les derniers temps de Jésus. Il passait au milieu des foules hostiles ou indifférentes, mais son regard s'arrêtait sur certains et les marquait définitivement : leur cœur s'ouvrait à l'Amour et ils étaient prêts à tout risquer et à tout souffrir pour Lui.

Rumeur de Dieu aussi, cette aspiration de l'homme moderne vers tout ce qui est proprement humain. Cette recherche ardente et tâtonnante de sa propre humanité. Sans doute, la recherche des valeurs humaines authentiques ne débouche pas forcément sur le christianisme mais ne peut qu'en rapprocher. La foi chrétienne naît toujours de la rencontre d'un homme vrai et d'un Dieu vrai. Un Dieu qui se révèle Lui-même à un homme qui s'est révélé à lui-même. Non pas le résultat d'une démarche purement intellectuelle, mais celui d'une démarche existentielle. A ce moment précis où quelqu'un découvre que son existence ne lui pose peut-être plus de questions, mais qu'*elle est une question.* C'est alors que Dieu peut se présenter comme une réponse, comme la réponse. Là est l'essentiel du message biblique et en particulier de la Bonne Nouvelle. Le langage de la Bible n'est sans doute pas celui de l'homme moderne, mais son message essentiel est d'une brûlante actualité.

La science déjà répond à beaucoup de questions. A la limite, on peut admettre qu'elle arrivera un jour à répondre à toutes les questions. A toutes les questions qui se posent à l'homme. Mais elle se heurtera toujours, elle se heurtera de plus en plus à cette question qu'*est l'homme.*

> Sans doute la fidélité à l'humain n'orientera pas dès le début vers le christianisme, ceux qui seront poussés par une exigence intérieure suffisamment impérieuse.

> Elle les portera d'abord, parfois sous des formes ésoté-
> riques et anticonformistes, vers quelque idéologie assez
> grande pour prétendre remplacer le christianisme, jus-
> qu'à ce qu'ils découvrent finalement l'impuissance ra-
> dicale de celle-ci, non seulement à réaliser ses promes-
> ses, mais à correspondre en plénitude à ce dont ils ont
> besoin fondamentalement [13].

En songeant à l'homme de l'An 2000, on pense, malgré
soi, à ce fou-visionnaire dont Nietzsche, il y a plus de
quatre-vingt-dix ans, racontait la pathétique histoire. En
plein jour, une lanterne allumée à la main, il se promenait
sur la place publique en criant sans cesse : *Je cherche
Dieu ! Je cherche Dieu !* La foule lui répondit par un
éclat de rire. Le fou bondit alors au milieu d'elle, la trans-
perça de son regard et s'écria de nouveau :

> Où est allé Dieu ?... Je vais vous le dire. Nous l'avons
> tué, vous et moi ! C'est nous, nous tous, qui sommes ses
> assassins !... Qu'avons-nous fait quand nous avons
> détaché la chaîne qui liait cette terre au soleil ? Où
> va-t-elle maintenant ? Où allons-nous nous-mêmes ?
> Loin de tous les soleils ? Ne tombons-nous pas sans
> cesse ?... Est-il encore un en haut, un en bas ? N'al-
> lons-nous pas, errant comme un néant infini ? Ne sen-
> tons-nous pas le souffle du vide sur notre face ? Ne
> fait-il pas plus froid ? Ne vient-il pas toujours des
> nuits, de plus en plus de nuits ?...

Le fou se tut et regarda autour de lui. Tous ses audi-
teurs s'étaient tus également et le regardaient avec étonnement. Finalement, le fou jeta sa lanterne par terre ;
elle se brisa en morceaux et s'éteignit :

> J'arrive trop tôt, continua-t-il... Cet événement énor-
> me est encore en chemin, il marche, et il n'est pas
> encore parvenu à l'oreille des hommes. Il faut du
> temps à l'éclair et au tonnerre, il faut du temps à la

---

13. Legaut, M., *Introduction à l'intelligence du passé et de
l'avenir du christianisme*, Aubier, 1970, p. 245.

lumière des astres, il faut du temps aux actions, même quand elles sont accomplies, pour être vues et entendues...

Puis le fou continua sa promenade solitaire. Ce jour-là, il entra en diverses églises et y entonna son *Requiem æternam Deo*. Chaque fois expulsé et interrogé, il répondait chaque fois :

Que sont donc encore les églises, sinon les tombeaux et et les monuments funèbres [14] ?

Ce fou-visionnaire exprime ici l'angoisse de l'homme moderne devant sa science, qui a répondu à tant de questions, mais qui laisse insoluble *la question ;* devant sa technique, qui a comblé tant de vides, mais qui a creusé en lui un vide béant. Nietzsche exprime ici *la rumeur d'un Dieu mort.*

3. *Les lignes d'avenir du christianisme*

A partir de ces observations et de bien d'autres qui pourraient s'y ajouter, il devient possible de dégager les grandes lignes d'avenir du christianisme. En dépit du nombre d'imprévisibles qui le recouvrira toujours comme d'un écran opaque, on ne peut dire que l'avenir du christianisme s'ouvre sur l'indétermination pure et simple. Il offre, au contraire, certaines directions, des axes autour desquels les chrétiens pourraient avantageusement bâtir leur espérance et organiser leur action. Sommairement et peut-être témérairement, nous les ramenons à quatre.

A. *Un christianisme personnalisé*

Le christianisme se personnalise de plus en plus. Il se personnalise à un double titre, dans une double signification. Dans ce sens, d'abord, qu'il exige, de chacun, un

---

14. Nieztche, F., *Le Gai Savoir*.

choix bien personnel d'où les contraintes familiales, sociales et même hiérarchiques sont supprimées. Même si elle en conservait la volonté, l'Eglise ne pourra jamais plus exercer, dans le monde, un monopole temporel quelconque, tenter de suppléer les efforts créateurs de l'homme dans le domaine politique, social et culturel ; elle vit déjà et elle vivra de plus en plus dans une situation de *diaspora*, comme le premier Peuple de Dieu qui, quarante ans durant, a erré dans le désert. L'avenir de l'Eglise en sera certainement un de minorité [15].

Cette situation entraîne de grandes conséquences. Elle nous accule à être vraiment ce que nous professons être : une minorité, mais une minorité consciente de porter la responsabilité de tout, d'avoir une mission pour le tout.

Personnalisé, le christianisme le sera à un autre titre. Il ne peut plus s'adresser au Dieu commun à toute religion : *le Dieu des philosophes, le Dieu des savants* ou un dieu mythique, fantasmagorique. Il ne peut et il ne veut s'adresser qu'à un Dieu Vivant, *Celui d'Abraham, d'Isaac et de Jacob,* Celui qui s'est fait chair et continue d'habiter parmi nous, qui se manifeste dans l'histoire et par l'histoire. Pour le nouveau christianisme, le message essentiel de l'Evangile n'en est pas un d'ordre éthique, moral ou politique, mais la personne même de Jésus-Christ, crucifié, ressuscité et actuellement vivant. Il ne se nourrit plus de simples croyances ou d'actes cultuels quelconques : il se nourrit de Foi. Il ne se retrouve plus dans un culte qui n'est pas personnalisé. Sa prière s'épuise et tarit si elle ne jaillit pas de son cœur.

### B. *Un christianisme libre*

Inspiré par l'Esprit qui nous découvre le Christ et nous rassemble autour de Lui, le nouveau christianisme

---

15. Depuis une centaine d'années, la proportion des catholiques, dans le monde, est restée constante : 19%. Vu l'expansion démographique des pays non chrétiens, ce nombre, vers l'An

recherche *la liberté des enfants de Dieu.* Il se sait libre, il se veut libre. Depuis longtemps, depuis même ses débuts, le christianisme a été surtout une religion d'autorité, même si, à côté, a toujours coexisté une religion d'appel. Cet accent mis sur l'autorité a pu se justifier historiquement, compte tenu de la qualité ou de la mentalité des peuples auxquels il s'adressait. Mais cette époque est certainement et définitivement révolue.

Les religions d'autorité, parce qu'elles exigent une adhésion aveugle et servile dont l'homme moderne n'est plus capable, sont toutes condamnées à disparaître. Le nouveau christianisme, s'il veut avoir un avenir, se doit de redevenir ce qu'il est essentiellement : une religion d'appel. Qui respecte la diversité et le cheminement des hommes. Le chrétien de l'avenir obéira encore à l'Eglise, mais il obéira par la force de sa foi, de sa fidélité, non par celle des ordres ou des menaces que l'Eglise pourrait fulminer. Paul VI lui-même a reconnu ce signe des temps et l'a dressé comme une espérance :

> Nous allons avoir une période de plus grande liberté dans la vie de l'Eglise et, par conséquent, pour chacun de ses fils. Cette liberté signifiera moins d'obligations légales et moins d'inhibitions intérieures. La discipline formelle sera réduite, tout arbitraire sera aboli, ainsi que toute intolérance, tout absolutisme. La loi positive sera simplifiée, l'exercice de l'autorité sera tempéré et le sens de la liberté chrétienne sera promu [16].

### C. *Un christianisme incarné*

Le nouveau christianisme se veut de plus en plus présent au monde et à tout ce qui s'y fait, à tout ce qui s'y passe. La dignité de l'homme et des activités humaines ne le laisse plus indifférent, passif. Il professe que *la figure de ce monde passe,* mais que cette figure même

---

2000, sera réduit à 15%, et peut-être à 80%, voir Houtart, F., *L'Eclatement d'une Eglise,* Mame, 1969, p. 26.
16. *Doc. Cath.,* T. LXVI, no 1545, p. 706.

comporte des valeurs d'éternité. Puisque la charité et ses œuvres ne passent pas. Toute valeur humaine de dignité, de justice, de liberté, de communion, de bonne entente que l'on travaille à promouvoir par fidélité au Christ et à son Esprit se transfigure et s'appelle valeur chrétienne. Le Christ l'assume et il en fait une pierre de ce monde nouveau qui s'enfante peu à peu, mystérieusement mais réellement. Un enfantement qui ne s'identifie pas avec le progrès technique, mais que celui-ci peut promouvoir dès lors qu'il favorise les vraies valeurs humaines.

Le nouveau christianisme doit et veut s'incarner, se vivre à travers et par les réalités terrestres. Il veut vivre le plus humainement possible une vie active, libre, ouverte, engagée. Une vraie vie d'un homme vrai. Sans arrière-pensée prosélyte, il veut servir les institutions profanes : sociales, politiques, syndicales, les servir loyalement et non pas en vue de les cléricaliser :

> Si vous êtes chrétien, disait déjà Mounier, inutile de faire battre le tambour. Essayez de vivre votre foi du mieux que vous pourrez. Ça peut finir par se savoir [17].

S'il sent le besoin, et ce besoin n'est que normal, de se regrouper occasionnellement en des institutions dites *chrétiennes*, c'est pour mieux remettre en question son enagagement temporel, reviser sa vie, la revoir à la lumière de l'Ecriture, et ainsi se ranimer, se recréer pour être ferment dans la pâte des réalités séculières [18].

Lorsque Vatican II a vraiment pris conscience de la dignité suprême de l'homme et de ses tâches, lorsqu'il a intégré le projet rédempteur de Dieu à son projet créateur, réconcilié par conséquent le Dieu de la création et celui d'Abraham, d'Isaac et de Jacob, ce jour-là, il a

---

17. *Fêtes et Saisons*, n. 217, 1967, p. 36.
18. Il est remarquable, à ce sujet, que *la révision de vie* est née en dehors des monastères et des milieux ecclésiastiques. Elle est une création originale du laïcat chrétien, et peut-être la première de son histoire. Voir là-dessus Bonduelle, J., dans le *Suppl. de la Vie Spir.*, no 66 (sept. 1963), p. 452.

opéré une véritable conversion historique et ouvert, à l'Eglise, les voies de l'avenir. Et la discrète allusion qu'il fait, à ce propos, au cas Galilée montre bien qu'il entend ici amorcer un redressement de perspective [19].

### D. *Un christianisme fraternel*

Ce n'est pas seulement *le monde* qui *est malade, faute de fraternité* [20], c'est aussi l'Eglise. Mais une maladie dont les chrétiens prennent, chaque jour, une conscience de plus en plus aiguë, de plus en plus douloureuse. Comment ne pas voir, dans cette conscience même, un signe de santé et une promesse de l'avenir ?

Dans l'anonymat de nos villes et souvent de nos célébrations dominicales, les chrétiens se sentent une âme solitaire, mais ils aspirent d'autant plus à n'en avoir qu'une. Ils y aspirent tellement que, parfois, ils vont chercher cette âme en dehors de l'Eglise institutionnelle, au sein de petites communautés, où ils pourront plus facilement partager leurs expériences chrétiennes et profanes, respirer un climat de vraie fraternité.

Le Rapport Dumont n'hésite pas à reconnaître là l'aspiration fondamentale qui a émergé de leur vaste enquête :

> Ce fut comme un refrain qui venait scander presque chaque mémoire soumis à la Commission : on désire une église fraternelle et des communautés paroissiales où la fraternité ne soit pas un vain mot. Ce souhait, trop unanime pour n'être pas inspiré par l'Esprit, rejoint une des exigences fondamentales de la vie liturgique [21].

Signe de l'Esprit qui ramène l'Eglise à sa vraie dimension, à son unique mission, qui l'oblige à n'être que l'Eglise, mais à l'être : un rassemblement d'hommes convo-

---

19. *GS* 36, 2.
20. Paul VI, *Populorum Progressio*, 66.
21. *Op. cit.*, p. 165.

qués par le Seigneur, autour de Lui, en vue de les ramener tous à l'unité des enfants de Dieu. Au lieu de chercher des solutions aux problèmes des hommes, de les
organiser sur le plan culturel, politique ou social, de
résoudre techniquement le problème de la faim, du sous-
développement et même de la paix dans le Monde, au
lieu de tout cela, mettre tous ses efforts et les richesses
de ses dons à rapprocher les hommes. C'est ici que la
société moderne montre sa radicale impuissance. Elle
concentre les hommes, elle ne les rassemble pas. Elle
peut les combler des biens de consommation, leur donner tout ce qu'ils peuvent désirer avoir. Mais elle ne saura
jamais leur donner ce qu'ils désirent *être* : des personnes
humaines, c'est-à-dire des êtres qui ne sauraient être eux-
mêmes sans communier à d'autres personnes, sans se
savoir respectés, estimés, aimés.

Le rôle de l'Eglise s'avère ici et s'avérera de plus en
plus irremplaçable. Est-elle prête à l'assumer ? Certains
pensent carrément que non :

> Le christianisme aborde des temps décisifs. Ceux-ci le
> surprennent dans un état de grave impréparation due
> à des siècles de conservatisme et de préoccupations
> plus politiques que religieuses cachées sous des croyan-
> ces plus intrépides que spirituelles [22].

Ceci n'est qu'une opinion mais que bien d'autres par-
tagent. Ayons au moins le courage et la loyauté de reconnaître que la fraternité chrétienne est à réinventer.

---

22. Legault, M., *op. cit.*, p. 246.

# 3

# Une fraternité chrétienne à réinventer

> *...on désire une église plus fraternelle et des communautés paroissiales où la fraternité ne soit pas un vain mot.*
>
> (Rapport Dumont)

De tous côtés, comme une aspiration unanime, presque un cri de détresse, monte un appel à des communautés paroissiales plus fraternelles. Certains estiment même qu'une véritable expérience chrétienne est aujourd'hui impossible à l'intérieur des cadres officiels de la paroisse actuelle.

Sans prendre pour acquis des jugements aussi absolus, il faut admettre qu'ils se réfèrent à un malaise sérieux et profond sur lequel devra se pencher attentivement la pastorale de demain, celle des prêtres et celle des laïcs engagés, eux dont le témoignage porte ici tout le poids d'une expérience parfois douloureuse.

Nous tenterons une analyse sommaire de ce malaise pour indiquer dans quelle direction, à notre avis, le remède doit être cherché.

## 1. *Nos communautés paroissiales mises en question*

### A. *Les griefs*

Sans chercher à les atténuer, résumons d'abord tous les griefs qu'on adresse aux communautés paroissiales traditionnelles. Ils se ramènent, en somme, à un seul : on leur reproche d'être des groupements de chrétiens où règnent l'anonymat et la passivité. Les chrétiens ne s'y connaissent pas, ne s'y expriment pas, ne participent pas.

Un rassemblement artificiel de baptisés sans histoire, ou plutôt qui laissent leur histoire en dehors de leur rassemblement. Qui donne, en conséquence, une pénible impression de contrainte et de rigidité. Encore un peu et on lui reprochait son excès d'organisation. Les personnes, avec tout ce qu'elles ont d'unique, avec leur situation humaine et religieuse individuelle, avec leur rythme propre, leur cheminement, les personnes sont tenues en laisse.

On a pu comparer certaines de nos assemblées paroissiales à une masse de naufragés qu'une mystérieuse marée aurait réunis sur un îlot où, grelottants et mourants de faim, ils attendent anxieusement le moment de pouvoir s'échapper :

> Nos communautés ne soutiennent pas vraiment la recherche et le courage évangéliques. On ne s'y trouve pas épaulé, compris, par des frères, car les secours sont trop extérieurs et uniformes : la même chose pour tout le monde. Les conflits sont évacués illusoirement au lieu d'être affrontés dans la franchise... Les problèmes vitaux de la communauté humaine ne parviennent que filtrés dans nos communautés chrétiennes...
> Tout cela explique que nos communautés soient si difficilement missionnaires. Elles ne constituent pas des signes parlants pour le monde environnant... Elles ne sont pas des lieux bilingues où l'on parle le langage de l'Evangile et celui du monde actuel. Bref, c'est un sentiment d'ennui qui finit pas s'emparer de certains groupes de chrétiens frustrés de liberté, de vie, de joie, de fraternité, dans leurs communautés officielles [1].

Tous ces témoignages expriment, en vrac, les griefs qu'on adresse à la communauté paroissiale traditionnelle. Ils les expriment avec ce globalisme familier à toute entreprise de contestation ; sans tenir compte notamment des nombreux cas d'exception qui se retrouvent encore souvent en milieu rural, et même parfois en milieu urbain, et contre lesquels ces griefs tombent à faux.

---

1. Témoignages cités par Liégé, P.-A., o.p., *Des communautés d'Eglise*, *Forma Gregis*, no 2, 1972, p. 8.

Dans de nombreux cas, pourtant, ils sont justifiés et ils alertent notre attention sur une situation très grave, qui s'aggrave de jour en jour. Le malaise est trop généralement ressenti pour ne pas exprimer une mutation profonde qui s'opère présentement dans nos communautés paroissiales.

## B. *Nos communautés paroissiales en mutation*

Depuis toujours, la paroisse a été pensée et structurée en fonction d'un monde rural, autour d'une communauté géographiquement et naturellement délimitée, où les relations de parenté et de voisinage formaient un tissu humain très dense ; une sorte d'homogénéité sociale qui n'était pas toujours la fraternité mais qui pouvait pourtant la favoriser. Tout le monde se connaissait mutuellement ; le pasteur connaissait tout le monde et pouvait répondre aux besoins religieux de chacun.

Avec l'avènement de l'urbanisation, nos communautés paroissiales restent souvent modelées en fonction d'un monde qui n'existe plus. Dans un monde urbain, les relations humaines se nouent selon des critères différents, quand elles arrivent à se nouer. Car les plus grandes villes sont souvent le lieu des plus grandes solitudes : on s'y croise à cœur de journée, sans s'y rencontrer vraiment. On a toujours quelqu'un à côté de soi, en avant, en arrière, mais qui est ce quelqu'un ?

Des relations humaines arrivent heureusement à s'établir, mais pas en fonction du voisinage ou même de la parenté. Plutôt en fonction d'affinités culturelles, sociales, psychologiques ou professionnelles. Communautés éminemment naturelles et normales, mais d'un type à part, où la sélection joue un rôle prépondérant, déterminant.

A partir de ce moment, le pluralisme des regroupements humains devient une loi inexorable. La communauté paroissiale se doit d'assumer des hommes et des femmes qui, ou bien ne sont pas intégrés socialement ou le sont selon des modèles très divers. Sa pastorale ne peut plus rejoindre tout le monde par des voies uniformes. Que l'on comprenne au moins le double défi qui lui est posé : s'adapter à cette complexité du tissu social urbain et, d'autre part, maintenir, entre toutes ces personnes et tous ces groupes, une unité qui dépasse celle du culte et va jusqu'à l'échange, jusqu'à la vie fraternelle.

A ce titre déjà, on peut parler d'une fraternité chrétienne à réinventer.

A cette considération de base, d'ordre social, s'en ajoute une autre, d'ordre culturel et psychologique. A travers les résonances des sciences humaines, et particulièrement des techniques de groupes, des aspirations nouvelles s'affirment qui rendent caduques les structures de la communauté paroissiale d'autrefois. Les valeurs de liberté, de créativité, de participation et d'expérimentation collective ont rendu souvent suspecte toute forme institutionnelle de groupe humain. On se lasse vite, on affiche parfois une hostilité instinctive devant toute contrainte, fût-elle simplement administrative, juridique ou rituelle. En son lieu et place, on fait confiance à la vie et appel à la spontanéité.

Déjà, on s'explique ainsi que le renouveau liturgique a pu décevoir et qu'il n'a pas réussi, dans l'ensemble, à regrouper nos communautés paroissiales. Il a un peu échoué parce que, en quelque sorte, il a été trop bien fait. Il a été préfabriqué. Avec ses nouveaux missels, ses nouveaux lectionnaires, ses nouveaux rituels et ses nouvelles traductions, il exprimait une expérience chrétienne qui n'est pas celle de l'homme d'aujourd'hui ; il s'est fait surtout en référence à une situation sociale, une culture et une psychologie où l'homme d'aujourd'hui ne se retrouve pas aisément. On s'explique aussi que tout ce qui sent le ritualisme ou le juridisme soit remis en question, y compris le précepte dominical que contestent parfois ceux-là mêmes qui veulent encore célébrer le Seigneur et même consacrer son Jour.

Dans une telle conjoncture, le surgissement, en ces dernières années, de petites communautés chrétiennes ou communautés de base, ne devrait pas nous étonner. Ni même ce qu'il peut avoir parfois de tâtonnant, d'anarchique ou de sauvage.

En dépit de leurs diversités, parfois même de leurs divergences, à partir des *Paroisses flottantes* ou des *Groupes ecclésiaux*, en passant par les *Eglises libres* ou les *Communautés informelles*, pour aboutir à l'*Eglise souterraine* et aux *Communautés sauvages*, ces communautés de base offrent toutes un point de convergence, un certain dénominateur commun : une fraternité chrétienne à réinventer. Elles impliquent toutes, par conséquent, une contestation parfois radicale de la communauté paroissiale officielle, une réaction contre le type d'existence ecclésiale hérité des siècles passés.

En règle quasi générale, ces petites communautés n'ont demandé à personne la permission d'exister et elles se sont formées en marge de la paroisse et de l'Eglise officielles. Parfois dans une opposition ouverte avec elles, tout en protestant d'une absolue fidélité à la foi chrétienne.

La nouveauté du phénomène et sa complexité ne peuvent que susciter beaucoup d'espoirs et beaucoup d'interrogations. Le fait comporte des promesses certaines mais également des dangers certains.

## 2. *Promesses et dangers des communautés de base*

### A. *Une opportune contestation*

Explicitement ou non, ces communautés de base se dressent comme une contestation plus ou moins radicale et plus ou moins partiale de la communauté paroissiale [2].

---

2. Le documentaire québécois, *Tranquillement pas vite*, pourrait fournir un exemple de cette contestation implicite et parfois partiale.

Puisque celle-ci, comme nous l'avons dit, dans sa structure actuelle, prêtre flanc à des griefs sérieux et justifiés, elle a besoin d'être contestée. Sachons gré aux communautés de base d'accomplir cette fonction et de lui rendre ce service. Elles forcent les Eglises locales, et même l'Eglise officielle, à s'interroger sur une situation pastorale qui doit être revisée. Elle comblent même ainsi une lacune du Concile Vatican II qui ne parle pas, de façon systématique, de l'institution paroissiale, même s'il en fait mention une dizaine de fois. Au reste, le phénomène des communautés des base, en lui-même, ne contredit pas, tout au contraire, les orientations majeures du Concile qui veut une Eglise plus authentique, plus fraternelle, plus présente au monde. Plus Peuple de Dieu qu'appareil institutionnel, avec une insistance marquée sur la participation [3].

Mais le premier danger, pour ces communautés de base, est de s'enfermer dans la contestation. Et par une sorte de mimétisme, de s'engager sur la voie des grands mouvements contestataires actuels : de se préoccuper davantage de protester que d'attester. A partir de ce moment, elles deviennent stériles et stérilisantes, et loin de concourir au rassemblement des Enfants de Dieu, elles le menacent.

### B. *Dans le sens de l'histoire*

Les communautés de bases se situent, peut-on dire, dans le sens de l'histoire du christianisme et du Peuple de Dieu, l'ancien et le nouveau. Aux heures critiques et décisives, cette histoire s'est toujours jouée à partir et autour de petits noyaux de croyants, comparables à des

---

3. *En vérité, peut-être, tous les évêques qui votèrent la Constitution sur l'Eglise ne réalisèrent-ils pas quelle matière explosive se trouvait là ; mais l'Esprit était, bien sûr, présent au Concile.* Houtart, F., *L'éclatement d'une Eglise*, Mame, 1969, p. 21. De même, par l'institution d'un conseil paroissial, ils déposaient, sans doute à leur insu, *une bombe à retardement* au sein de nos communautés paroissiales.

communautés de base. Dès le début de sa vie publique, Jésus remue l'opinion et attire, autour de lui, des foules auxquelles il annonce l'avènement du Royaume. Mais simultanément, il s'associe douze compagnons avec qui il partage tout et qu'il veut étroitement solidaires de sa mission de salut ; c'est avec eux qu'il vit son expérience d'Homme-Dieu et c'est à partir d'eux qu'il veut se faire le Rassembleur de tous les hommes. Il a pu attirer les foules ; il a toujours refusé de les embrigader.

Les communautés de base se réfèrent volontiers à la première communauté chrétienne où il n'y avait qu'*un cœur et qu'une âme* [4]. Qui pourrait leur reprocher cette référence ? On ne réinventera vraiment la fraternité chrétienne qu'en revenant à ses sources, et aucune réforme sérieuse dans l'Eglise ne s'est jamais opérée sans ce nécessaire retour.

Mais il ne doit pourtant pas se faire d'une façon anarchique et instinctive, par une sorte de littéralisme historique, un évangélisme primitif. Point ne suffit de copier les gestes, les décors, les rites de la première communauté chrétienne pour déboucher sur la fraternité chrétienne. La spontanéité, ici, ne s'identifie pas toujours avec l'authenticité. La communauté chrétienne d'aujourd'hui, géographiquement, socialement et culturellement, n'est plus celle d'autrefois.

Au reste, même cette première communauté chrétienne, malgré le cœur et l'âme uniques qui l'habitaient, s'est vite aperçue, au contact de la réalité, au contact surtout des autres communautés chrétiennes qui se formaient à Ephèse et à Corinthe, qu'elle conservait encore, dans son subconscient, un fond de particularisme national qu'elle a mis du temps à dépouiller. Et l'apôtre Paul a dû se battre rudement avant que tous les murs ne s'écroulent ; il a dû dissiper tous les malentendus, toutes les ambiguïtés qui pouvaient se glisser dans cette réalité nouvelle et unique qui s'appelle la fraternité chrétienne.

---

4. *Ac* 4, 32.

C. *La nouveauté de la fraternité chrétienne*

Nous sommes ainsi amenés à réfléchir sur la nouveauté de la fraternité chrétienne. Sans cette réflexion, on n'arriverait jamais à la réinventer dans l'Eglise d'aujourd'hui.

Elle ne se réalise certainement pas dans un simple rassemblement d'hommes qui se plieraient, même librement, à une identité d'obligations, d'observances et de rites. Mais elle ne se réalise pas davantage dans la simple camaraderie, dans des groupes amicaux où chacun est entré par le jeu de la connaissance et de la sympathie réciproques, dans l'intimité et la confiance de l'autre. Elle ne se réalise même pas dans un *groupe*, au sens où l'entendent les psychosociologues modernes, avec ses caractères distinctifs de déconditionnement, de non-structuration et de non-direction. Les dynamiques de groupes peuvent aider la fraternité chrétienne : elles ne sauraient jamais la fonder.

> Ils se montraient assidus à l'enseignement des Apôtres, fidèles à la communion fraternelle, à la fraction du pain et aux prières [5].

On peut, à partir de ce texte très riche, dégager la structure originale, le dynamisme puissant de la fraternité chrétienne. Elle s'enracine dans une foi commune au Christ, Frère universel, dans une joie et un étonnement partagés de nous découvrir tous enfants de Dieu :

> Pour que la fraternité chrétienne comme telle devienne une réalité vivante, il est nécessaire avant tout qu'y soient vécues la connaissance de la paternité de Dieu et l'unité par grâce avec le Christ Jésus [6].

Cette connaissance, reconnue et vécue, amène forcément une communion fraternelle. Il ne s'agit pas ici encore de communion eucharistique, laquelle viendra

---

5. *Ac* 2, 42.
6. Ratzinger, J., *Frères dans le Christ*, p. 57.

exprimer, maintenir et transfigurer une communion qui existe déjà. Il s'agit plutôt de communion de personnes, de relations interpersonnelles. Mais une communion qui ne se fonde pas sur des données purement psychologiques, culturelles ou sociales. Elle n'exige pas de base naturelle ; elle sera même d'autant plus authentique qu'elle pourra s'en passer. On ne peut vraiment parler de fraternité chrétienne que là où le pauvre, sans être gêné ni gênant, peut s'asseoir à la table du riche, où l'étranger est accueilli comme un proche, où le plus petit, socialement et moralement, reçoit autant d'attentions que le plus grand :

> Nous avons en quelque sorte identifié relation *chrétienne* avec relation *primaire,* c'est-à-dire face à face, comme s'il était impossible de faire une réelle expérience de l'amour chrétien envers les personnes sans connaître toute leur vie et sans avoir avec elles des relations continues.
> C'est là une survivance de la civilisation rurale et prétechnique, où les relations étaient nouées dans une communauté relativement stable et réduite [7].

Si déplaisant que ce soit à dire ou à entendre, il n'est pas impossible que se retrouve parfois, dans des communautés de base, ce retour nostalgique et inconscient à une civilisation rurale que nous portons tous dans le sang.

Fondée sur la foi et non sur des affinités naturelles, la fraternité chrétienne n'a donc rien d'émotif et la joie qu'elle procure ne se situe pas au niveau du sentiment. Ceux qui rechercheraient, dans les communautés de base, une compensation aux frustrations dont les affligent l'anonymat et la dureté de la vie urbaine, ont bien droit de le faire, mais qu'ils ne le fassent pas au nom d'une fraternité chrétienne retrouvée.

La fraternité chrétienne, par conséquent, loin de se replier sur elle-même, tend à s'élargir, à s'ouvrir de plus

---

7. Houtart, F., *op. cit.,* p. 70.

en plus vers un universalisme qui n'est pas seulement théorique, fonctionnel ou juridique, mais qui est réel et personnel. De plus en plus, elle fait du monde entier une vaste paroisse. C'est au niveau de la liturgie que cet universalisme s'exprime et se vit vraiment. Les liturgies familiales ou restreintes peuvent avoir leur utilité et gardent leur raison d'être, surtout si on veut y ajouter un nouveau type d'expérience : celle du repas, par exemple, ou celle de relations humaines vécues sur le plan chrétien. Ce type d'expériences est impossible sur le plan paroissial et il serait illusoire d'y aspirer. Mais il n'est pas essentiel. On ne peut attendre d'une liturgie paroissiale que tout le monde connaisse tout le monde et que chacun appelle chacun par son prénom. Mais on peut, on doit pouvoir faire l'expérience de l'amour chrétien à travers et avec une foule anonyme ; autrement, la liturgie s'arrêterait à mi-chemin. Une expérience qui peut être très authentique et très féconde, alors même qu'elle n'est pas *ressentie* psychiquement :

> Certes, il n'y a aucun chrétien auquel Dieu n'accorde, au moins une fois dans sa vie, la grâce de ressentir le bonheur que donne une vraie communauté chrétienne. Mais une telle expérience reste un événement exceptionnel...
> Il est de toute importance de prendre conscience que, tout d'abord, la fraternité chrétienne n'est pas un idéal humain, mais une réalité donnée par Dieu ; et ensuite que cette réalité est d'ordre spirituel et non pas d'ordre psychique. On ne saurait faire le compte des communautés chrétiennes qui ont fait faillite pour avoir vécu d'une image chimérique de l'Eglise [8].

### 3. *A qui appartient l'avenir ?*

Un conflit existe, parfois latent parfois à ciel ouvert, entre communautés paroissiales et communautés de base.

---

8. Bonhoeffer, D., *De la Vie communautaire*, p. 22.

Les premières ne veulent pas renoncer à leur avenir, alors que les secondes prétendent souvent que l'avenir leur appartient.

Les observateurs les plus attentifs voient le dénouement de ce conflit dans une position mitoyenne : l'avenir du christianisme pourrait dépendre autant des communautés de base que des communautés paroissiales, moyennant une grande souplesse d'adaptation exigée des unes comme des autres.

### A. *L'avenir des communautés de base*

Ce serait ignorer tout le passé de l'Eglise, ce serait oublier la psychologie du Christ et le dynamisme libérateur de l'Evangile que de nier aux communautés de base le droit d'exister, et même le bienfait, la nécessité de leur existence. L'Eglise a surgi d'un Evénement et non d'une institution. Ce même Evénement explique le jaillissement de petits groupes de croyants, réunis au nom du Seigneur et qui veulent, tout simplement, vivre dans la fidélité à son Esprit.

Pour la raison qu'elles n'ont rien d'institutionnel, elles ont plus de chance d'échapper aux lourdeurs et parfois au gauchissement de l'institution. Ces hommes et ces femmes, de tout âge et de toute condition, dès lors qu'ils se réunissent *au nom de Jésus*, peuvent, mieux que quiconque, mieux que l'imposante tradition des docteurs et des exégètes, garder vivant Son souvenir dans leur vie et dans le monde.

La tentation est grande de vouloir les officialiser, les canoniser et les intégrer ainsi à l'institution paroissiale. A partir du moment où celle-ci tenterait de les assumer, elles perdraient leur souffle et leur raison d'être. Elle commenceraient à mourir.

Face à l'An 2000, ces communautés de base ont un avenir certain et plus indiqué que jamais. Au cours de cette difficile mutation qui l'attend, alors que le christianisme devra devenir de moins en moins une religion *d'autorité* et de plus en plus une religion *d'appel*, ces petites communautés peuvent efficacement ouvrir les voies de l'avenir.

Nées spontanément du terroir chrétien et humain, elles sont particulièrement équipées et désignées pour comprendre les besoins et les nécessités de leur temps, mettre en valeur les richesses de leur foi, de leur espérance et de leur charité. Equipées, par conséquent, pour aider les chrétiens à les comprendre et à les vivre. Plus particulièrement, elles forment un milieu privilégié pour célébrer l'Eucharistie *en mémoire de Lui* :

> L'activité du souvenir demande une intimité fervente et recueillie où le silence ne donne pas l'impression du vide[9].

Un climat que l'on retrouve plus facilement dans une assemblée peu nombreuse, entre chrétiens qui se connaissent, dont la vie humaine et la vie religieuse cheminent ensemble.

Mais l'avenir de ces communautés de base n'est pas inconditionné. Il dépend de l'attitude qu'elles prendront face à l'Eglise officielle et institutionnelle. L'Eglise aura toujours un visage hiérarchique et institutionnel. Elle ne peut pas ne pas en avoir, qu'il soit plaisant ou non. L'Eglise de l'An 2000 en aura un.

Les communautés de base n'iraient jamais au bout de leur démarche chrétienne si un jour, d'une façon ou d'une autre, elle n'avaient pas le réalisme et l'audace d'affronter le visage hiérarchique et institutionnel de l'Eglise. Ou si elles l'affrontaient seulement pour le détruire. Dans l'hypothèse, nommément, où la communauté paroissiale garde encore des titres à l'existence, et nous verrons qu'elle en garde encore, les communautés de base n'ont pas le droit de l'ignorer ou de la bouder. Si elles le

---

9. Legault, M., *op. cit.*, p. 322.

faisaient, elles ne travailleraient plus à réinventer la fraternité chrétienne, mais plutôt à la dénaturer.

On attend beaucoup d'elles : donner une âme à nos communautés paroissiales, un esprit et une vie à nos célébrations dominicales ; soutenir et même susciter des activités pastorales collectives, toute entreprise de renouveau ecclésial.

### B. *L'avenir de la communauté paroissiale*

Au cours de ses enquêtes et de ses recherches, la Commision Dumont [10] a pu observer un phénomène paradoxal : d'un côté la masse très diversifiée de critiques négatives adressées à l'institution paroissiale et, d'autre part, une volonté à peu près unanime de la maintenir sous une forme rénovée :

> ... dans la grande majorité des cas, et pour l'instant, la paroisse est quasi la seule unité de base [11].

L'assemblée paroissiale, et plus spécialement l'assemblée dominicale, reste et restera encore longtemps, pour la plupart d'entre nous, l'unique image que nous aurons ici-bas de l'unité et de l'universalité de l'Eglise, l'unique lieu où les chrétiens peuvent exprimer collectivement et concrètement leur solidarité. C'est par elle, à travers elle que l'Eglise, tout au long des siècles, a travaillé incessamment à reprendre son élan communautaire [12]. Plus que

---

10. Créée en 1968 par les évêques du Canada français, composée de douze membres, dont neuf laïcs, la Commission Dumont avait reçu, comme mandat, d'éclairer l'épiscopat sur *les lendemains à donner à Vatican II*. Et cela, à partir des *préoccupations des clercs et des laïcs*, des *changements qui affectent notre société*. Elle a mis trois ans à préparer son rapport.
11. *Op. cit.*, p. 261.
12. Selon les dernières statistiques fournies par la Secrétairerie d'Etat du Saint-Siège, les 659 millions de catholiques présentement dans le monde, sont groupés en 191,398 paroiss s dont 39,431 sont dépourvues de prêtre titulaire. Voir *La Presse* Montréal, 21 février 1973, E 6.

jamais, elle y travaille et, dans bien des cas, non sans résultats :

> ...nos observations nous ont fait découvrir l'énorme faculté d'adaptation de l'institution paroissiale : que ce soit à partir de formes traditionnelles parfois encore très vivantes et fécondes, ou dans des initiatives inédites et de qualité [13].

La paroisse pourrait avoir un avenir si les laïcs engagés, et *surtout* les prêtres, veulent bien y croire. Car des laïcs engagés, et *surtout* des prêtres engagés, n'y croient plus [14]. Le départ du renouveau paroissial se fera à partir d'une foi, d'une volonté courageuse et réaliste.

Il se fera ensuite en retrouvant la véritable dimension, la mission essentielle de la communauté paroissiale. A l'époque où la paroisse était polyvalente et omniprésente, le centre d'où partaient toutes les initiatives, humanitaires, sociales, politiques, culturelles et récréatives, son lourd appareil administratif a pu masquer sa mission essentielle, qui n'est pas d'ordre administratif. A mesure qu'elle se dépouille de ces tâches de suppléance, la paroisse se voit ramenée à sa fonction primaire, qui est d'ordre cultuel, liturgique.

Sans doute, dans bien des cas, la communauté paroissiale peut et doit prendre en charge des fonctions pastorales spécialisées, qui varient d'un milieu à l'autre, d'une année à l'autre. Et ici, le Rapport Dumont suggère instamment la famille dont la société moderne, malgré toutes ses politiques, n'arrive pas à rencontrer les besoins et les attentes : gens âgés, familles désunies, foyers défavorisés :

---

13. *Rapport Dumont*, p. 261.
14. Un prêtre confie : ... *je veux bien travailler pour les hommes...*, *mais quand je pense que je devrai consacrer ma vie à célébrer l'Eucharistie, à prêcher, à baptiser, à confesser...*, *il me semble que je ne ferai rien pour eux. Donum Dei*, no 13, p. 170.

Beaucoup de paroisses reprendraient vie si leurs responsables s'inspiraient de ces expériences communautaires très fécondes [15].

Parce que ces projets pastoraux diffèrent d'une paroisse à l'autre, qu'ils revêtent une nature ou des modalités diverses dans une paroisse rurale, urbaine ou de faubourg, dans une paroisse à la clientèle flottante et mobile et une autre où elle est plus stable [16], on ne peut attendre aucune recette et se référer à aucun modèle uniforme. Le pluralisme marquera certainement la paroisse de demain.

Mais encore une fois, une communauté paroissiale ne s'identifie pas avec ses projets pastoraux. Elle peut exister vraiment sans projet défini. Notre mentalité expérimentale moderne, complice ici d'une mentalité de chrétienté dont nous gardons parfois des vestiges, nous expose à cette identification : sans un *projet* paroissial concret, il n'y aurait pas de vie paroissiale concrète ; celle-ci se cherche aussi longtemps qu'elle ne s'est pas trouvé un *projet* à mettre à côté de son *héritage*.

On oublie que l'*héritage* de l'Eglise EST un Projet, celui du Christ qui veut *ramener à l'unité les enfants de Dieu dispersés* [17]. On est plus pressé *d'animer* que *d'être animé*, de *rassembler* que *d'être rassemblé*. Ou plutôt, on veut bien se rassembler, mais autour de *quelque chose*, alors qu'il faut commencer par se rassembler autour de *Quelqu'un*.

Au lendemain de la Pentecôte, les disciples n'avaient aucun projet, sauf celui de conquérir le monde au Christ ; mais investis de l'Esprit Unificateur, conscients de la présence du Christ ressuscité au milieu d'eux, ils étaient prêts à tout risquer et à tout souffrir pour Lui. Ils n'étaient pas entrés au Cénacle avec des cartables rem-

---

15. *Rapport Dumont*, p. 262.
16. Il existe ainsi en pl in cœur de Paris, à Saint-Louis d'Antin, une paroisse à la population essentiellement mobile et anonyme et où la vie paroissiale est pourtant très intense.
17. *Jn* II, 52.

plis d'esquisses ou de notes : mais tout simplement avec un cœur disponible, qui se savait convoqué par le Seigneur, Rassembleur des hommes.

On invoque ici volontiers la parole d'un sympathique écrivain selon lequel, pour rassembler les hommes, il suffit de leur proposer une tour à bâtir. Les habitants de Babel en savent quelque chose ! D'ailleurs, le Christ également parle quelque part d'une tour à bâtir [18] ; il suit la même psychologie mais Il ne parle pas de la même tour.

La tâche primordiale de la paroisse s'affirme ici, plus impérieuse que jamais. Elle se renouvellera vraiment à partir d'un vrai renouveau de ses rassemblements liturgiques. Tout le reste : divisions territoriales, lieux de culte, rites et jusqu'aux autres projets pastoraux, doivent céder à cet impératif. Par une liturgie vivante et parlante, faire vivre et parler nos assemblées !

Il s'agira sans aucun doute d'investir plus d'énergies et d'argent à bâtir des assemblées qu'à bâtir des lieux de culte. A quoi bon faire parler des pierres s'il n'y a personne pour les écouter et leur répondre ? Ces pierres finissent toujours par crouler sous le poids de l'oubli ou du pic.

L'avenir de nos paroisses exigera plus de bons catéchètes que de bons architectes ou de bons administrateurs.

Pour préparer cet avenir, il y a un noyau permanent : les pasteurs désignés. Leurs fonctions ministérielles ne leur confèrent pas tous les dons ; ceux qu'ils ont, ils pourront les consacrer tout entiers à la tâche sans pourtant pouvoir, du moins ordinairement, l'assumer seuls. Ils doivent se résoudre à avoir besoin des laïcs et de leur participation active. Et non seulement de leur bonne volonté, mais aussi de leur imagination. A-t-on exploité tout ce qu'il y a de disponibilité et de créativité chez eux, particulièrement chez les jeunes ? Le temps n'est plus où

---

18. *Lc* 14, 28.

le prêtre s'intitulait ou s'improvisait le seul animateur de nos assemblées liturgiques. Le Concile Vatican II avait déjà dissipé de vieux préjugés quand il convoquait les laïcs à *participer activement à la vie totale de l'Eglise* [19] et, par conséquent, au moment essentiel de cette vie de l'Eglise, sa liturgie.

Le renouveau liturgique assurera le renouveau de la paroisse. Le jour où la liturgie parlera un langage que l'homme d'aujourd'hui comprend, où elle posera des gestes et des questions où il se reconnaît et auxquels il pourra s'associer, ce jour-là le rassemblement paroissial connaîtra un nouveau départ.

Un rassemblement qui restera toujours une pâle image du grand Rassemblement final, mais une image pourtant. La paroisse, comme l'Eglise dont elle forme une cellule, comme la fraternité chrétienne dont elle est le lieu privilégié, demeurera un perpétuel chantier, non une chanson. Mais un chantier qui *chante* cependant ; comme chantait le cœur des maçons du Moyen Age :

> Ils chantent les maçons.
> Mais construire, ça n'est pas chanter une chanson.
> C'est une affaire un peu plus difficile.
> Le cœur des maçons, c'est une place des fêtes.
> Ça rutile.
> Mais le chantier n'est pas une place des fêtes.
> On y trouve la boue, le vent et la neige
> Les mains qui saignent.
> Là, le pain n'est pas toujours frais
> Le café n'est pas toujours chaud
> Et parfois le sucre fait défaut [20].

---

19. *GS* 43, 4.
20. Nazim Hikmet.

# 4

# Un christianisme de transition?

*Toutes les religions, que leurs adhérents le remarquent ou non, sont entrées dans une période de crise durable et fondamentale.*

(Tillich)

Nombre de chrétiens vivent aujourd'hui dans une sorte d'expectative. Ils n'ont pas rejeté le christianisme en soi. Ils savent, ils devinent qu'il possède encore assez de forces vives pour se régénérer et que, en conséquence, il possède encore un avenir. Mais ils ont rejeté un *certain* christianisme : celui d'hier, parce qu'il est mort, et même celui d'aujourd'hui, parce qu'il se cherche et montre parfois des signes de désarroi. Si, subitement, le nouveau christianisme montrait un visage sans équivoque, ils redeviendraient chrétiens. Mais vraisemblablement, ces chrétiens impatients attendront longtemps, et leurs fils également.

L'*aggiornamento*, souhaité par Jean XXIII et mis en place par le Concile Vatican II, les a déçus, déconcertés. Ils ont peut-être oublié que l'Eglise, à ce moment, se mettait en marche vers un avenir fantastiquement neuf ; il ne s'agissait plus d'un simple renouveau, mais d'un recommencement en quelque sorte absolu. Il s'agissait, pour l'Eglise, de se trouver une place dans un monde déraciné, de se donner un visage dans une société qui n'en a pas encore.

Nous soumettons ici, modestement, que les chrétiens des prochaines décennies devront se résigner à vivre un christianisme de transition. C'est-à-dire un christianisme où la fonction critique joue un rôle prépondérant, qui risque de tomber dans un anticonformisme nauséabond, et qui exige une héroïque patience.

### 1. *Un christianisme critique*

Les années qui ont suivi Vatican II, l'Eglise, peut-on dire, les a passées à faire son autocritique. Le signal, d'ailleurs, en est venu de haut : il est venu du Concile Vatican II lui-même. Avec une prophétique intuition, Jean XXIII l'avait convoqué pour permettre à l'Eglise d'affronter les temps nouveaux, de s'empresser, avec le monde, au-devant de l'avenir. Il ne pouvait, par conséquent, lui donner comme consigne de protéger un ordre établi ; mais, rompant avec la constante tradition conciliaire, au lieu de pourchasser les hérésies, de maintenir ou de rétablir une discipline, Jean XXIII attendait plutôt du Concile qu'il trace à l'Eglise les lignes de l'avenir et que, par conséquent, il enregistre ce qui devait être changé. Plusieurs fois, au cours des délibérations conciliaires, la question clé est revenue : *Eglise du Christ, que dis-tu de toi-même ?* Implicitement, on invitait tous les chrétiens, et même tous les hommes de bonne volonté, à s'exprimer.

La question a été entendue d'un bout à l'autre du monde, et de partout, dans un bruit de tintamarre parfois, les réponses sont venues. Preuve sans doute que la question venait à point et qu'il y avait encore dans l'Eglise, bien des oreilles attentives. Preuve, somme toute, de vitalité, de santé ecclésiale. Songeons seulement à ceci : que faudrait-il conclure si la question n'avait pas été posée ou si des réponses n'étaient pas venues ? Ce silence n'eût pas empêché la mort du christianisme conventionnel, d'une part, et, d'autre part, il n'aurait pu jeter les bases d'un nouveau christianisme.

La fonction critique dans l'Eglise a toupjours été nécessaire et elle l'est de plus en plus. On ne devrait pas s'étonner de la voir, de l'entendre s'exercer aujourd'hui, surtout de la part des théologiens et des prêtres qui, à un titre spécial, sont au service du message chrétien et doivent en approfondir les problèmes dans une libre confrontation entre eux. On ne devrait pas s'étonner que les opinions divergent et qu'un prêtre puisse contredire un autre prêtre. Pas même s'étonner de certains écarts accidentels de langage ou de pensée.

D'autant plus qu'à ce phénomène d'un pluralisme théologique, s'en ajoutent bien d'autres susceptibles d'accentuer l'actuelle situation de conflit dans l'Eglise. Nommément, une autonomie plus grande laissée aux Eglises particulières, dont la légitimité et l'importance ont été reconnues par Vatican II. Cette diversité dans l'unité, l'une et l'autre si impératives aujourd'hui surtout où se développe une conscience mondiale, exige un équilibre difficile à trouver et dont les critères sont encore flous. Et c'est ici peut-être que se révèle le mieux le caractère transitoire du christianisme actuel. L'unité de l'Eglise, sans être brisée, subit une éclipse.

A l'intérieur même de ces Eglises particulières, on note aujourd'hui la formation de groupes ou de communautés de base. Certaines parmi elles, et peut-être le plus grand nombre, ne sont que partiellement identifiées ; leur lien avec l'Eglise officielle, sans être rompu, reste, à toutes fins pratiques, inopérant. A leur façon, elles exercent une fonction critique et parfois prophétique, mais par ailleurs, encore à l'état de recherche et de cheminement, elles peuvent facilement prendre figure de groupes marginaux.

Nous avons tous ici à liquider un vestige du christianisme conventionnel qui voyait facilement la force et la vitalité de l'Eglise dans des articles de foi clairement et immuablement formulés, dans des normes juridiques universelles et inexorables. Cette force et cette vitalité résident plutôt dans la puissance de l'Esprit à l'œuvre dans le monde et chez tout homme qui ne fait pas obstacle à son action. L'Eglise est née à une époque où il n'y

avait ni credo ni droit canon, sous le souffle de l'Esprit.
Il serait normal qu'elle renaisse de la même façon.

La fonction critique, dans l'Eglise, ne saurait jamais
se substituer à l'Esprit ni, d'aucune façon, barrer la route
à son action. Pour ce faire, il ne suffit pas que chacun
l'exerce à l'égard des autres, du Pape, des évêques, des
prêtres, mais qu'il ait aussi le courage et la loyauté de se
critiquer soi-même et de se demander : *Mon attitude
personnelle laisse-t-elle assez de place à l'action de l'Esprit ? Est-elle toujours inspirée de cette foi, de cette
charité, de cette humilité foncière qui sont la marque de
l'Esprit et conditionnent son action ?*

Lorsque le concile Vatican II posait la question : 
*Eglise de Jésus-Christ, que dis-tu de toi-même ?* il la
posait sur le plan personnel autant que collectif. Il n'invitait pas les chrétiens à critiquer seulement les autres,
mais à se critiquer aussi eux-mêmes. C'est ainsi que, chez
plusieurs, la fonction critique a dégénéré en un anticonformisme nauséabond.

## 2. *Un anticonformisme nauséabond*

A l'exemple du conformisme, dont il est l'image inver-
sée, l'anticonformisme se situe sur le plan émotif. Plus
précisément, et comme lui, il s'inspire de la peur. Une
peur morbide. Chez le conformisme, c'est la peur de ne
pas être pareil ; chez l'anticonformisme, c'est la peur
d'être pareil. Pareil à quoi ? A une Eglise institutionnelle
qui, sans vouloir se séparer du monde, se veut et se doit
d'en être distincte ; à une Eglise qui, sans être toujours
fière de son passé, ne veut ni ne peut rompre le lien
indissoluble qui l'y rattache ; à une Eglise qui croit encore dans le péché, celui de la chair et celui de l'esprit.

Le pendule du conformisme d'autrefois s'est déplacé
d'un extrême à l'autre : il a produit l'anticonformisme
d'aujourd'hui. Relevons seulement quelques-unes de ses
oscillations.

De la *fuite* du monde, il est passé à *l'adoration* du monde. Autrefois, conventionnellement, on ne voyait dans le monde que l'empire de Satan et il fallait s'en séparer pour *sauver son âme*. Aujourd'hui, on a redécouvert les valeurs positives et réelles qu'il peut offrir à l'Eglise ; on a reconnu en lui le lieu où s'accomplit le Salut apporté par Jésus-Christ ; où, par conséquent, les chrétiens doivent s'insérer, s'engager à fond. Bref, on a retrouvé la dimension horizontale de l'Eglise. Mais pour plusieurs, cette redécouverte a fait basculer le pendule. Après avoir trop longtemps relativisé indûment les réalités humaines afin de mieux absolutiser l'Eglise, voilà que maintenant on absolutise les réalités humaines pour relativiser l'Eglise. Elle doit désormais surgir de l'histoire et des réalités terrestres, comme tout autre phénomène historique. On l'acceptera dans la mesure où elle se conformera au monde. Tel est le suprême critère de l'anticonformisme. Ce que le monde dit est vrai ; ce qu'il fait est bien ; ce qu'il montre est beau. La vérité, le bien, le beau sont conditionnés par la mode. Le fait tient souvent lieu de valeur. Si l'adultère existe dans plus de 50% des couples, c'est la preuve que le mariage monogamique est dépassé et que l'Eglise doit réviser ses positions. Si l'avortement est légalisé, c'est la preuve qu'il n'est plus un crime. Si des prêtres se marient, c'est la preuve que le célibat ecclésiastique doit être aboli. On pourrait multiplier les exemples à l'infini.

Cet anticonformisme, ce christianisme toujours dans le vent, trouve une tribune privilégiée dans les moyens de communication. Faut-il blâmer ceux-ci d'exploiter à fond la réalité immédiate, celle surtout qui sent la nouveauté, avec un piment de scandale ? Ils suivent leur voie ou leur pente ; ils assurent, à peu de frais, leur cote d'écoute. Il faut surtout déplorer qu'ils recrutent, si facilement, des chrétiens et des prêtres pour servir leurs intérêts mercantiles.

C'est ainsi que l'anticonformisme est passé d'une *morale toute faite* à une *morale de situation*, celle que chacun se fait à soi-même. Le pendule ici encore a basculé : du puritanisme d'autrefois au laxisme d'aujourd'hui. On admettrait, on souhaiterait que le pape et les évêques élèvent la voix plus souvent, mais à condition qu'ils cautionnent ce qui se dit et ce qui se fait. Autrement, on accueillera leurs paroles avec un éclat de rire. L'une des grandes victoires, la plus grande sans doute, du néo-conformisme est d'avoir pratiquement réduit au silence ceux qui ont le mandat de parler.

L'anticonformisme, en effet, fidèle à sa propre logique, a franchi une dernière étape : de la *papologie*, il est passé à la *papophobie* [1]. Les détenteurs de l'autorité dans l'Eglise ont été longtemps, bon gré mal gré, l'objet d'un culte au moins verbal, gesticulaire et vestimentaire. On dépassait les impératifs de la foi pour céder à ceux de la mode. Ici encore, la mode s'est retournée. Du maxi, on est tombé dans le mini, et encore ? Souvent, ce n'est même plus un mini-culte, mais des réticences instinctives, des oppositions systématiques. Au fond, nombre de chrétiens, et même de théologiens, reconnaissent encore dans le pape celui qui a reçu pour mission d'affermir la foi de ses frères [2], mais ils n'osent pas le dire par crainte de se discréditer. Nous aimons citer ici le témoignage d'un des grands représentants de la pensée théologique contemporaine et que personne ne saurait suspecter d'intégrisme, le président de la revue *Concilium* qui, à l'échelle du monde, se présente comme le fruit et le témoin des transformations survenues dans l'Eglise depuis Vatican II :

> ... pourquoi suis-je déçu par les théologiens ? Aujourd'hui on a parfois l'impression que l'autorité vénérable

---

1. Le mot est de Joseph Folliet, *Le temps de l'angoisse et de la recherche*, Chronique Sociale de France, 1971. Le d rnier livre, le dernier cri d'angoisse et d'espérance de ce souriant et vaillant lutteur chrétien. Il le dédie, nommément, *aux jeunes chrétiens et aux jeunes chrétiennes dont j'ai la certitude qu'ils viendront au jour voulu par l'Esprit Saint.*

2. *Lc* 22, 31.

du Saint–Siège a été remplacée par beaucoup de sièges théologiques. Alors qu'il n'y avait autrefois qu'une seule autorité, qui en outre résidait à Rome et qui ne faisait qu'accidentellement des déclarations doctrinales, aujourd'hui les pauvres laïcs se voient placés en face de beaucoup d'autorités dans leur propre pays. Ne naît-il pas l'impression souvent, chez des laïcs, que les théologiens s'attribuent le gouvernement de l'Eglise et qu'ils tombent dans la même faute qu'ils reprochent à la hiérarchie [3] ?

Pour qu'une publication soit enlevante et enlevée, elle se doit d'être audacieuse. Une audace souvent plus verbale que réelle et qui sait éviter l'hérésie tout en la côtoyant dangereusement [4]. Le terrorisme intellectuel existe encore sporadiquement dans l'Eglise et l'Index aussi. Il a seulement changé de camp et de nom. Quiconque ose s'attaquer à lui, le fait à ses risques et périls [5].

### 3. *Aux patients, la promesse*

Parmi ceux qui s'éloignent de l'Eglise, il y a les anémiques, ceux que l'éclatement d'un christianisme conventionnel a réduits en morceaux. Il y a aussi, il y a surtout peut-être, les impatients, ceux qui ne peuvent

---

3. Bogaard, Van den, d'après *Le Devoir*, 5 octobre 1970, p. 5. Aussi, *Concilium, Avenir de l'Eglise*, (numéro spécial), décembre 1970.

4. Le directeur d'une grande maison d'édition nous avouait : *Pour qu'une publication soit rentable, il faut d'abord qu'elle critique le pape et les évêques.*

5. Maritain, qui se présente non comme un théologien mais un simple *paysan*, a osé le faire. On a aussitôt vu, en lui, *un vieux lion de ménagerie*, (qui préfère) *affirmer* (sa) *seigneurie sur les singes hurleurs, prendre* (sa) *part de curée, à belles dents de mensonges, à franches lippées de ragots...*, *et dont on ne donne pas cher des oraisons, des états mystiques qui aboutissent à de telles cafardises, méchancetés, niaiseries.* Paupert, J.-M., *Vieillards de l'An 2000*, Grasset, 1967, p. 52.

s'accommoder d'un christianisme de transition ou que les lenteurs et les tâtonnements de l'Eglise exaspèrent.

Il est remarquable que, au cours de l'Histoire, la plupart des hérétiques ont commencé par être des impatients. L'impatience est même devenue, dans le monde chrétien d'aujourd'hui, la forme par excellence de l'hérésie :

> Il existe, en effet, une quantité d'hérésies inexprimées ou *cryptogamiques* (K. Rhaner) : on s'y installe dans une existence purement terrestre, où l'on prend l'attitude d'un hérisson vis-à-vis de toute forme d'autorité religieuse, afin de n'être responsable de ses actes que devant soi-même, et l'on s'y abandonne à l'idole que la Bible appelle Mammon [6].

On peut souhaiter, et même prévoir, que nombre de ces hérétiques, qui au fond ne veulent pas l'être, reviendront un jour dans leur patrie. Après avoir témoigné de l'indifférence, et même de l'hostilité à l'égard de l'Eglise, ils se tourneront de nouveau vers elle parce qu'ils redécouvriront en elle le visage du Christ.

Mais de même que l'impatience est devenue le nouveau visage de l'hérésie, la patience est devenue le nouveau visage de la foi. Les chrétiens de l'An 2000 auront besoin de récupérer cette dimension de leur foi que toute la Bible, et particulièrement le Nouveau Testament, met si souvent en relief.

Il s'agit ici, en effet, beaucoup plus que de patience au sens stoïcien ou philosophique du mot [7]. Beaucoup plus qu'une attitude humaine, si noble soit-elle, la patience biblique est un don de la foi et son expression concrète :

------

6. Karrer, O., *Hérésie*, dans *Encyclopédie de la Foi*, II, p. 206.
7. Déjà, dans l'épopée grecque, le héros est celui qui sait *supporter les dieux : Va, endure ton sort, ne te lamente pas sans répit en ton âme ! Tu ne gagneras rien à pleurer. Illiade*, 24, 549 s. *Le lâche*, dira Aristote, *fuit et craint tout, mais ne supporte rien. Eth. Nic.*, II, 2.

> ... animés d'une puissante énergie par la vigueur de sa
> gloire, vous acquerrez une parfaite constance et endu-
> rance [8].

L'Epître aux Hébreux, nommément, rattache explicitement la patience à la foi et montre que tous les grands
témoins et ouvriers de l'Histoire du salut ont été des
patients :

> C'est dans la foi qu'ils moururent tous sans avoir reçu
> l'objet des promesses, mais ils l'ont vu et salué de loin,
> et ils ont confessé qu'ils étaient des étrangers et des
> voyageurs sur la terre [9].

Tous, toute leur vie, ont vécu, par anticipation, un
christianisme de transition. Seule la foi qui sait être
patiente produit des fruits :

> Et de ce qui est dans la bonne terre, ce sont ceux qui,
> ayant entendu la Parole avec un cœur noble et géné-
> reux, la gardent et produisent du fruit par leur cons-
> tance [10].

Le temps de l'Eglise est celui de la patience de Dieu
que les disciples du Christ doivent partager. Il la recom-
mande en particulier pour les époques de crises et surtout pour les grandes tribulations finales :

> Vous sauverez vos vies par votre constance [11].

L'Apocalypse, qui décrit symboliquement les épreuves
de l'Eglise dans le cours de son existence terrestre, exalte
la nécessité de la patience. A sept reprises, elle est pro-
clamée la vertu par excellence des derniers temps. Le
sceau, imprimé par l'Ange aux élus, avant que ne soient
déchaînés *les quatre vents de la terre*, et qui leur permettra de traverser *la grande épreuve*, ce sceau ressemble
étonnamment à celui de la patience :

---

8. *Col* 1, 11.
9. *He* 11, 13.
10. *Lc* 8, 15.
11. *Id.*, 21, 19.

Attendez, pour malmener la terre et la mer et les arbres, que nous ayons marqué au front les serviteurs de notre Dieu [12].

L'avenir de l'Eglise se jouera dans les cœurs, et dans les cœurs patients, au sens évangélique du mot. Des cœurs qui ne s'affolent pas, qui ne se laissent pas aigrir. Des cœurs qui savent s'ouvrir aux autres, recueillir la moindre parcelle de bonté dans leurs actes et de vérité dans leurs paroles. Des cœurs, surtout, qui savent chercher et trouver le visage de Dieu à travers les tâtonnements de nos efforts et les balbutiements de nos pensées.

Quand, dans l'Eglise d'aujourd'hui, tous les impatients, qui ne représentent pas toujours ses éléments les plus médiocres, auront compris cela, nous serons vraiment à l'aube d'un nouveau christianisme.

La jeune génération, en particulier, s'impatiente et des retards et... des impatiences de ses aînés. Elle se désintéresse de plus en plus de problèmes au sujet desquels on s'est battu et on se bat encore depuis des siècles :

> Le grand danger aujourd'hui n'est pas dans l'inquiétude ou l'incertitude, mais dans la façon dont est mise à l'épreuve la patience de ceux qui sont l'espoir de l'avenir [13].

Tournée vers la vie et les hommes vivants, la jeune génération, qui n'a jamais marché dans des sentiers battus, se trouve peut-être la mieux équipée pour trouver les nouvelles voies du christianisme.

Avec bien d'autres, nous voulons en exprimer ici l'espoir et la quasi-certitude :

> Si la génération montante sait patienter jusque–là, la véritable irruption d'un christianisme radicalement renouvelé aura lieu dans dix ou vingt ans, lorsque la

---

12. *Ap* 7, 3.
13. Van de Pol, W.-H., *op. cit.*, p. 408.

direction des Eglises sera passée aux mains de cette génération plus jeune [14].

Mais aussi longtemps que durera ce christianisme de transition, on ne saurait s'étonner trop qu'une situation de conflit existe dans l'Eglise. Et on ne saurait trop se rappeler, à toutes fins pratiques, que l'Esprit peut être à droite ou à gauche, mais qu'il est surtout du côté où

> ... il y a plus de foi, d'espérance et de charité dévouée, d'humilité et de volonté de s'examiner critiquement soi-même pour opérer un véritable revirement [15].

14. *Id. ibid.*, p. 406.
15. Rahner, K., *Schisme dans l'Eglise ?* Editions Paulines, Sherbrooke, 1969, p. 58.

# Postface: rétrospective et prospective

Cette époque, à bien des points de vue ressemblait à la nôtre. L'une des plus extraordinaires et, selon certains, l'époque *axiale* de l'histoire du monde.

Une époque aujourd'hui oubliée, mais dont l'histoire universelle porte encore la marque.

Nous sommes dans le déclin du VIe siècle avant Jésus-Christ. On assiste à un éveil subit, une promotion des peuples. A Rome, la royauté des Tarquin a été renversée et la nouvelle république latine, établie autour de son nouveau Capitole, a lancé l'Italie sur la route de son prestigieux destin. En Grèce, la lutte des classes a éclaté. Les anciennes aristocraties une fois dissoutes, le prolétariat prend conscience de sa condition ; les forces démocratiques s'affirment et s'agitent.

Parallèlement, les forces de l'esprit s'éveillent et atteignent un point de maturation qui nous étonne encore. Il faut remonter jusque-là pour retrouver, avec Héraclite d'Ephèse, les premières *philosophies du devenir* : une découverte anticipée de la temporalité de l'homme ; les premiers *amis de la sagesse*, non seulement métaphysique mais aussi mathématique, scientifique, artistique et littéraire.

A cette époque aussi, le sort du monde reposait, apparemment, entre les mains de deux superpuissances rivales, dont l'une, Babylone, représentait la puissance de l'Ouest, et l'autre, avec Suse, celle de l'Est. Deux superpuissances qui allaient s'entr'égorger jusqu'au jour où, l'une et l'autre, elles disparaîtraient à jamais. Dans deux millénaires d'ici, si l'Histoire doit se poursuivre jusque-là, on parlera peut-être des Américains et des Russes comme aujourd'hui on parle des Babyloniens et des Perses.

Mais au milieu de tout ce monde en ébullition et tourné vers un avenir fascinant, un tout petit peuple, qui avait lui aussi connu des heures de gloire, venait apparemment de perdre la partie. Sa Ville Sainte, Jérusalem, son cœur en quelque sorte, avec son Temple, son clergé, ses institutions cultuelles, sociales et politiques, tout cela n'était plus que ruines sur lesquelles, voix de tout un peuple en désarroi, au bord du désespoir, un prophète exhalait ses pathétiques Lamentations.

De cette communauté disloquée, un petit nombre, le tiers environ, refusèrent l'exil et s'attachèrent désespérément à faire revivre un passé définitivement révolu. A ces obstinés qui refusent de marcher avec l'Histoire, le prophète Jérémie rappelle que le nouveau destin d'Israël se jouera ailleurs, en exil [1], avec les quelques quatre-vingt mille déportés de Babylonie.

Ceux-ci, à leur arrivée en Basse-Mésopotamie, découvrirent, à leur grand ébahissement, un monde tout à fait neuf ; non seulement une civilisation plus avancée, un niveau de vie plus élevé, mais, en quelque sorte, une nouvelle échelle de valeurs. Un dépaysement complet, en même temps qu'une griserie devant ce spectacle de la puissance de l'homme. Plusieurs des déportés cédèrent à la tentation : ils s'adaptèrent si bien à ce monde nouveau qu'ils y perdirent leur identité ; leur foi sombra dans le polythéisme ou le paganisme. D'autres pourtant, la plupart des exilés, surent s'adapter sans se laisser assimiler, fidèles à une consigne que, dans une lettre célèbre, le prophète Jérémie leur adressait de Jérusalem :

> Ainsi parle Yahvé Sabaot, le Dieu d'Israël, à tous les captifs déportés de Jérusalem à Babylone... Recherchez le bien du pays où je vous ai déportés, car de sa prospérité dépend la vôtre... Car je sais, moi, le dessein que je forme pour vous, oracle de Yahvé, dessein de paix et non de malheur, qui vous réserve un avenir plein d'espérance. Alors, quand vous m'invoquerez et que vous viendrez m'adresser vos prières, je vous écou-

---

1. Jr 29, 4,7,11-14.

terai... Je changerai votre sort et vous rassemblerai de toutes les nations et de tous les lieux où je vous ai chassés, oracle de Yahvé.

On vit alors un fait étonnant, inouï dans l'Histoire : un petit groupe de croyants, *un Reste*, à qui manquaient tous les soutiens extérieurs de la foi, toutes les raisons humaines d'espérer, retrouver une foi et une espérance rajeunies. Leur Dieu, le Dieu de leurs pères, était en exil avec eux !

Ce fut en quelque sorte, un recommencement, une relance du judaïsme : purifié de sa surcharge institutionnelle, dépouillé de tout conventionalisme, intériorisé, personnalisé, rassemblé autour de quelques Textes Sacrés qui révélaient la fidélité de Dieu à ses promesses. On n'avait que cela, mais cela suffisait ! On saura, désormais, que là où des croyants se rassemblent autour de la Parole de Dieu, Dieu est là, faisant l'unité des esprits et des cœurs, pour les relancer vers l'avenir. Et l'on connaît la suite. La race des pauvres de Yahvé était née, ceux qui ont toujours gardé et garderont toujours vivante la Promesse.

Ezéchiel, qui vivait au milieu des déportés de Babylone, fut le témoin émerveillé de ce singulier dynamisme d'un peuple disloqué. Il en parle comme d'une *résurrection*, une œuvre de *l'Esprit de Dieu* [2]. La dispersion avait rapproché ce *Reste* de croyants ; leur commune détresse avait ranimé en eux une commune espérance. A partir de ce moment, le prophète voyait, dans l'Histoire du salut, une persistante obstination de Yahvé qui, malgré les infidélités de son peuple, avait décidé que, par lui, Son Nom serait honoré parmi les nations. Pour lui, l'histoire de l'exil prenait une valeur prophétique et permanente, valable pour tous les temps, surtout les temps troublés. Les grandes mutations historiques resteront, pour Yahvé, l'occasion privilégiée d'un jugement purificateur.

Et les pauvres de Yahvé n'ont pas fini d'étonner le monde.

---

2. *Ez* 37.

# Indications bibliographiques

PREMIERE PARTIE

## L'HOMME D'AUJOURD'HUI FACE A L'AVENIR

ARMAND, L., *Plaidoyer pour l'avenir*, Calmann-Levy, Paris.

ANTOINE, J., JEANNIERE, A., *Espace mobile et Temps incertains*, Aubier-Montaigne, 1970.

BERDIAEFF, N., *Le Sens de l'Histoire*, Aubier, 1948. — *Vérité et Révélation*, Delachaux et Niestlé, 1954.

CARRIER, H. et LAURENT, P., *Le phénomène urbain*, Aubier-Montaigne, 1965.

CHABIER, A., *Mémoires d'un proche Avenir*, Flammarion, 1965.

CHARDIN, TEILHARD DE, *L'avenir de l'Homme*, Ed. du Seuil, Oeuvres, t. 5.

COLLECTION, *Encyclopédie Française, Le Monde en devenir*, Société Nouvelle de l'Encyclopédie Française, Tome XX, 1959. — *Promesses, La Vie*, nov. 1971, no 62, Editions du Centurion. — *Semaine des Intellectuels Catholiques, L'avenir*, Fayard, 1963.

DREYFUS, P., *Dans un monde qui change*, Coll. Jalons, n. 24.

FOURASTIE, J., et VIMONT, C., *Histoire de demain*, Coll. *Que Sais-je?* no 711.

FOURASTIE, J., *Lettre à quatre milliards d'hommes*, Editions Albin Michel, 1970.

HUXLEY, A., *Le Meilleur des mondes*, Plon, 1970.

KAHN, H., et WIENER, A. J., *L'an 2000*, Robert Laffont, 1968.

LALOUP, J., et NELIS, J., *Dimensions de l'humanisme contemporain*, Tournai, Casterman, 1957.

LEGAUT, M., *L'homme à la recherche de son humanité*, Aubier, 1971.

MINGUET, R., *Histoire du Futur*, Ed. Sociales Françaises, Paris, 1965.

TIBOR, M., *Regards sur l'histoire de demain*, Ed. du Seuil.

DEUXIEME PARTIE

## LE MONDE DE L'AN 2000

AMALRIK, A., *L'Union Soviétique survivra-t-elle en 1984 ?* Fayard, 1970.
EHRLICH, P. R., *La Bombe P,* Fayard, 1970.
PRAT, H., *La Métamorphose explosive de l'humanité,* Editions S.E.D.E.S., 1960.
RAGON, M., *Où vivrons-nous demain ?* Robert Laffont, 1963.
TAYLOR, G. R., *Le jugement dernier,* Calmann-Levy, 1970.
THRING, M. W., *The World in 1984,* Penguin Books, Baltimore, 1964.

TROISIEME PARTIE

## L'HOMME DE L'AN 2000

BAECHLER, J., *Les phénomènes révolutionnaires,* P.U.F., 1970.
BARTOLI, H., *Le Tiers monde, l'Occident et l'Eglise,* Ed. du Cerf, 1967.
BERGIER, P., *Le matin des magiciens,* Gallimard, 1960.
CASTRO, J. de, *Géopolitique de la faim,* Editions Ouvrières, 1962.
CORTE, M. de, *L'Homme contre lui-même,* Nouvelles Editions Latines, 1962.
FOURASTIE, J., *Essais de Morale prospective,* Ed. Gonthier, 1966.
— *La civilisation de 1975,* P.U.F., Coll. *Que Sais-je ?* no 279. — *Les* 40,000 *heures,* Laffont-Gonthier, 1965. — *Pourquoi nous travaillons,* P.U.F., Coll. *Que Sais-je ?* no 818.
HOURDIN, G., *Une civilisation des loisirs,* Calmann-Lévy, 1961.
LATIL, P. de, *Ainsi vivrons-nous demain,* Le Centurion, 1958. — *La pensée artificielle,* Gallimard, 1953.
LEBRET, L.-J., *Le drame du siècle,* Ed. Ouvrières, 1960.
McLUHAN, M., *Mutations 1990,* Mame, 1969.
NUNGESSER, R., *La révolution qu'il faut faire,* Plon, 1970.
REVEL, J.-F., *Ni Marx ni Jésus,* Robert Laffont, 1970.

ROSENFELD, A., *L'Homme futur*, Grasset, 1970.
SAKHAROV, A. D., *La liberté intellectuelle en U.R.S.S. et la coexistence*, Gallimard, 1969.
SINIAVSKI, A., *Pensées impromptues*, Christian Bourgeois éditeur, 1968.
SOROKINE, P. A., *Social and Cultural Dynamics*, New York, Bedminster Press, 1962.
STREHL, R., *Cerveaux sans âme*, Self, 1952.
TOFFLER, A., *Le choc du futur*, Denoel, 1971.

## QUATRIEME PARTIE

## L'EGLISE DE L'AN 2000

ADOLFS, R., *La Tombe de Dieu. L'Eglise a-t-elle encore un avenir ?* Salvator, 1967.
BARREAU, J.-C., *Qui est Dieu ?* Ed. du Seuil, 1972.
BERGER, P., *La rumeur de Dieu. Signes actuels du surnaturel*, le Centurion, 1972.
Bonhoeffer, D., *Résistance et Soumission*, Labor et Fides, 1963.
BONNEFOY, J., *Inconfortable Eglise du 20e siècle*, le Centurion, 1969.
COLLABORATION, *L'Eglise du Québec : un héritage, un projet*, Fides, 1971. — *L'Eglise aujourd'hui, remise en cause*, Desclée, 1967. *L'Eglise vers l'avenir*, Cerf, 1969. — *Qui conteste qui ?* l'ACSM, Division du Québec, 1969.
COX, H., *La Cité séculière*, Casterman, 1968. — *La fête des fous*, Seuil, 1971.
CULLMANN, O., *Jésus et les révolutionnaires de son temps*, Delachaux et Niestlé, 1970.
DEWART, L., *The Future of Belief*, Herder and Herder, 1966.
FOLLIET, J., *Le temps de l'angoisse et de la recherche*, Chronique Sociale de France, 1971.
FRISQUE, H. D., *L'Eglise à l'épreuve*, Casterman, 1968.
GOZZINI, M., *La foi plus difficile ; un nouvel âge de la conscience chrétienne*, Centurion, 1969.
GUILMOT, P., *Fin d'une Eglise cléricale ?* Cerf, 1969.
HENRY, A.-M., *La force de l'Evangile*, Mame, 1967.
HOUTART, F., *L'éclatement d'une Eglise*, Mame, 1969.

KENNEDY, E. C., *Fashion Me a People*, Sheed and Ward, N.Y., 1967.

LECLERCQ, J., *Où va l'Eglise d'aujourd'hui*, Casterman, 1969.

LIEGE, P.-A., *Des communautés d'Eglise*, dans Forma Gregis, no 2, 1972.

LEGAUT, M., *Introduction à l'intelligence du passé et de l'avenir du christianisme*, Aubier, 1970.

MANARANCHE, A., *Dieu vivant et vrai*, Seuil, 1972. — *Je crois en Jésus-Christ aujourd'hui*, Seuil, 1968.

MARNY, J., *L'Eglise contestée*, Centurion, 1968.

MARROU, H.-I., *Théologie de l'histoire*, Seuil, 1968.

METHA, V., *Les Théologiens de la mort de Dieu*, Mame, 1969.

METZ, J.-B., *Pour une théologie du monde*, Cerf, 1971.

MOUNIER, E., *Feu la chrétienté, Oeuvres*, Seuil, 1950, T. III.

PAUPERT, J.-M., *Vieillards de chrétienté et chrétiens de l'an 2000*, Grasset, 1967.

POL, W.-H., Van de, *La fin du christianisme conventionnel*, Centurion, 1968.

QUOIST, M., *Le Christ est vivant*, Les Editions Ouvrières, 1970.

RAHNER, K., *Schisme dans l'Eglise ?* Editions Paulines, 1969.

RANAGHAN, K. et D., *Le retour de l'Esprit*, Cerf, 1972.

RETIF, A. et L., *Teilhard et l'évangélisation des temps nouveaux*, Les Editions Ouvrières, 1970.

TAVARD, G., *La religion à l'épreuve des idéologies contemporaines*, Centurion, 1969.

# Index analytique

# Table des matières